KB201073

인도 고아들의 아버지,

김정구 선교사

천 명의 고아들을 161개 교회의 목회자로 양육하고
학교, 병원의 종합선교센터로 이룬
인도도마선교센터 30년 역사

저자 : 김정구 선교사

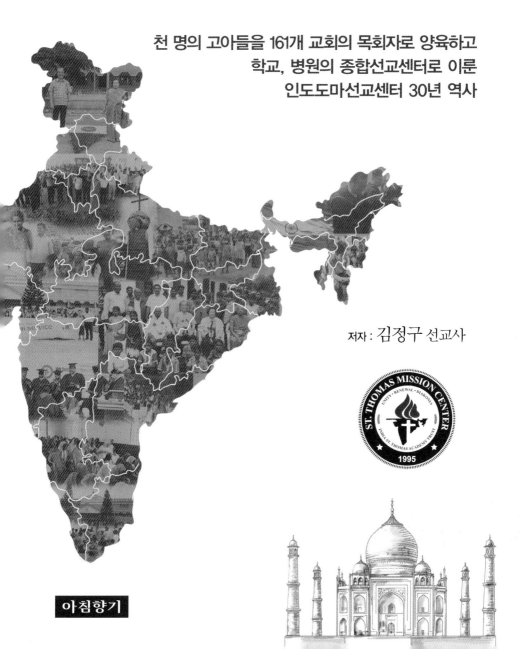

아침향기

미국에 살고 있는 큰딸 성애와 함께

아들 경환이 가족과 함께

미국에 살고 있는 둘째 사위와 손자 손녀

손자 손녀와 함께

큰 사위(황태학 목사)가족

둘째 사위(이주영)와 큰 손자

둘째 딸 신애와 함께

둘째 딸 신애

둘째 딸 신애 가족들

도마선교센터 총회장 존슨 목사 내외와 함께

신학교 사역

신학교 건물   도마사립학교 정문입구

학위를 수여하는 아브라함 부총장

학위 수여를 받은 학생들

고아원 출신으로 목회자로
성장한 루우벤 목사

아브라함 부총장과
학위수여자들

졸업을 기념하는 사진

도마사립학교 건물

인도에 세워진교회들

테바교회

믿음교회

무어캘리교회

제일축복교회

제주축복교회

베델교회

안드레교회

성령교회

실로암교회

은혜교회

안젠티교회

축복교회

사역의 현장

현재 고아원 아이들과 김정구 선교사와 존슨 목사 내외

학교 앞에서 김정구 선교사와 조원조 선교사

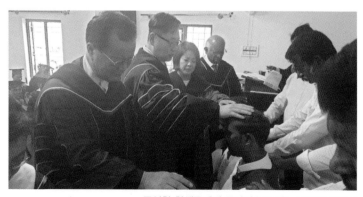

졸업한 학생들에게 목사안수를 하는 김정구 선교사

선교의 현장

울산세계로교회(김주연 목사) 부흥회(지스스교회 헌당예배)

진해경화교회(김영암 목사) 헌당예배

선교의 현장

열린보화교회(정영복 목사) 부흥회

건천제일교회(강윤구 목사) 헌당예배

믿음의 교회 헌당예배(울산노회장로회 후원)

선교의 현장

울산명성교회(김종혁목사) 헌당예배

울산명성교회(김종혁목사) 인도새생명교회

선교의 현장

울산명성교회(김종혁목사) 헌당예배

서울축복교회(김상률 목사) 김은진사모 부흥회

선교의 현장

힌두 주지사가 집회에 참석하여 안수기도 받고 개종하였다

서울영동교회 의료봉사팀

선교의 현장

서울영동교회(이성복목사) 헌당예배

울산선양교회(담임목사 조기미) 주관 인도목회자 세미나(2018년 7월 10~12일)

인도도마선교센터 30년 역사 이야기

인도 고아들의 아버지,
김정구 선교사

제1부

하나님의 꿈을 이루어 가는 도마선교센터

제2부

도마선교센터 동역자와 증인들

하나님은 고아의 아버지

최천식 목사
약속의 학교 대표

시편 68편 5절은 "하나님은 고아의 아버지"라고 소개하고 있습니다. 하나님은 사랑의 하나님으로, 모든 사람들이 하나님의 사랑을 깨닫고 구원 받는 것을 원하십니다. 그러한 기운데 하나님은 특별히 고아들에게 관심을 가지고 계시는 긍휼이 풍성하신 하나님이라는 사실을 시편의 기자는 알려주고 있습니다.

고아의 아버지를 생각할 때, 떠오르는 사람이 있습니다. 일평생 5만번의 기도응답을 하나님께 받으면서 영국 브리스톨에 있는 애슐리에서 고아원을 세워 2천명의 넘는 고아들을 기도로 양육했던 '조지 뮬러'입니다. 그는 "하나님은 고아의 아버지"라는 시편 68:5의 말씀을 통해서 66년 동안 고아들을 양육하는 일을 했습니다. 그는 정부의 도움을 받지 않은 채 2천명이 넘는 고아들에게 하루 세 끼를 제공했습니다. 하나님을 의지하는 절대 믿음과 기도로 평생동안 15만명의 고아들을 키우고 양육하였기에, 조지 뮬러를 가리켜 우리는

'고아의 아버지'라고 부릅니다.

저는 인도에서 한국선교사로 조지 뮬러에 버금가는 '인도 고아들의 아버지, 김정구 선교사님'을 만났습니다. 약속의 학교는 선교지에 학교와 교회 및 병원을 세워 예수님의 3대 사역인 가르침과 말씀과 치유사역을 선교의 현장에 구현시켜 하나님 나라를 확장 시키는 것을 목표로 설립되었습니다. 저는 약속의 학교 대표로, 인도에 김정구 선교사님을 통하여 고아원 학생들이 예배드리고 섬길 수 있는 교회를 하나 후원하여 건축하였습니다. 헌당식을 하기 위하여 김정구 선교사님이 사역하시는 인도에 가서 함께 사역지를 둘러 볼 수 있었습니다.

김정구 선교사님은 53세의 늦은 나이에 인도에 오셔서 30여 년 동안 놀라운 사역을 일구어 오셨습니다. 과연 '인도 고아들의 아버지' 라는 타이틀이 부끄럽지 않게 놀라운 사역의 열매들을 보여 주셨습니다. 30여 년 동안 김정구 선교사님을 통하여 설립된 고아원이 10여 개가 되며, 초등학교와 중·고등학교 대학교까지 세워져 크리스찬 인재를 양육하고 있습니다. 또한 신학교를 세워 고아원을 통해 어려서부터 철저히 말씀과 기도로 훈련된 아이들을 주의 종으로 양육하여 목사가 되게 하였습니다. 그들을 통하여 161개의 교회가 세워졌고, 500개의 가정교회들이 운영되고 있습니다. 또한 한센인센터를 세워 가난하고 병든 영혼들을 주님의 사랑으로 보듬고 섬기는 사역도 진행하였습니다.

김정구 선교사님의 사역지를 둘러보면서 제가 감동을 받은 것은, 어렸을 때 선교사님을 통하여 한글을 배운 조그마한 아이들이 이제는 성장하여 주의 종이 되어 김정구 선교사님의 사역을 대를 이어 힘있게 감당하고 있는 모습이었습니다. 김정구 선교사님을 아버지라고 부르면서 한국말을 유창하게 구사하면서 김정구 선교사님과 자유롭게 소통하는 제자들을 보면서 놀라움을 금치 못했습니다. 김정구 선교사님의 제자들이 한국에 나와서 집회를 하는 교회에 참석한 적이 있는데 인도사람이 한국말을 유창하게 하면서 설교하는 모습을 보면서 큰 은혜를 받았습니다.

약속의 학교가 꿈꾸던 사역을 이미 김정구 선교사님은 30여년 동안 인도 땅에서 실행하고 있었습니다. 눈물과 땀과 피로 일군 사역지에서 이제는 제자들이 성장하여 아버지의 뒤를 이어서 인도땅을 복음화 시켜 나가는 김정구 선교사님의 영적인 자식들을 보면서 가슴 뭉클한 감동을 느꼈습니다. 사도바울이 어린 디모데를 향하여 "너는 나를 본 받으라"라고 한 것처럼, 친히 새벽 2시에 일어나서 고아원 아이들의 이름을 간절히 불러가며 눈물로 기도했던 그 영성을 영적인 자식들이 이어받아 훌륭한 목회자로 성장하여 눈물로 기도하며 인도와 세계의 복음화를 위하여 힘차게 나아가는 모습을 보면서, 주님이 가장 기뻐하는 모습이 이러한 모습이 아닌가 생각을 합니다.

"가서 제자를 삼으라"는 주님의 지상명령을 받들어 빈손으로 인도 땅에 오셔서 수고의 떡을 먹으면서 오갈 데 없는 고아들을 입양하여 키우면서 주님의 제자, 하나님의 나라 확장을 위한 일꾼으로 세우신 김정구 선교사님에게 깊은 존경과 함께 감사의 마음을 전합니다.

선교지에서 참고할 수 있는 귀한 사역의 매뉴얼이라고 할 수 있는

책, '인도 고아들의 아버지, 김정구 선교사'의 이야기가 책으로 출판되는 것을 기쁜 마음으로 축하합니다. 이 책이 읽는 모든 분들에게 선교에 대한 열정과 헌신을 불러일으킬 수 있기를 소원합니다. 너무나도 귀한 한 선교사의 눈물과 땀과 피로 점철 된 선교의 내용들을 기록한 책이기에, 기독교인이라면 한번은 꼭 읽어 볼 수 있기를 강력히 추천합니다. 이 책을 통하여 한국교회와 한국교회의 성도들이 다시한번 선교의 거룩한 열정으로 불타 오를 수 있기를 기원합니다.

"하나님 아버지 앞에서 정결하고 더러움이 없는 경건은
곧 고아와 과부를 그 환난중에 돌보고 또 자기를 지켜
세속에 물들지 아니하는 그것이니라(야고보서 1:27)"

내가 죽어야 주님께서 산다

양재일 인도 선교사
(샤론신학대학총장)

둥둥 딱딱 둥둥 딱딱 아~유 아~유~~~

아~~우~~우

하루 종일 일하고 돌아온 람바니 족속들이 들판에서 그날의 피로를 풀기 위해 불을 피워놓고 춤을 추고 있다. 전등불도 없이 달빛 아래서 남녀 할 것 없이 모두 나와 춤을 춘다.

아~~우~~우

밤마다 들개들이 무리 지어 여기 저기서 운다. 늦은 밤에는 여우들도 지나가고, 뱀들은 셀 수 없이 많은 곳이다.

1994년 김 선교사께서 자리 잡은 시골에는 문명의 혜택으로부터 먼 곳이었다. 짚시들 곧 람바니 족속이 있는 곳에 땅을 구입하여 고아원을 설립하기 위해서였다.

선교사들이 아무도 찾아가지 않고 현지인 마을로부터 먼 곳에 외

딴 숲 속 유칼립티스 나무로 가득찬 곳에 자리를 정하고 울창한 나무를 베어내고 코코낫 잎으로 엮어 지붕을 만든 초가집 고아원을 만들었다. 그 곳에서부터 고아들을 키우기 시작했다. 이들은 극빈자들의 자녀와 편모 편부의 자녀들이 모였다.

또 아무도 연고가 없는 미혼모의 자녀들도 있다. 또 극심한 가난을 못 이겨 자살한 이들의 자녀들도 모였다. 이 갈 곳 없는 어린이를 모아서 성 도마 학교를 만들어 이 어린이들을 교육 시켰다. 초등학교부터 고등학교까지 교육 시켰다. 그리고 성 도마 신학교를 설립하여 신학교 교육을 하고 교회 개척을 하게하였다. 인도 전 지역에서 몰려든 고아들이 이곳에서 영육간에 교육을 받고 여기 저기서 전도자로 나가 교회를 개척하기 시작하였다.

그 교회를 개척한 곳에 빛과 소금의 역할을 하는 십자가를 세웠다. 수많은 목회자를 길러내고, 예배당 건축을 하고, 대학을 설립하고 국제 학교까지 설립하였다. 남달리 김 선교사는 고아들에게 한국어를 교육하여 이들이 성장하니 한국어에 능통하게 되었다. 한국회사가 인도에 진출하게 되자 여기 저기서 통역사로 일하는 직책을 갖고 일하기 시작했다.

김 선교사가 선교하던 선교지의 범위는 카르나타카주, 타밀나두주, 안드라프라데시주 등 3개주를 오고 가며 교회 설립하는데 인생의 황금기를 보냈다. (한 개 주가 한국보다 땅도 크며 인구도 더 많음) 김 선교사는 영혼 구원을 목적으로 예배당 가운데는 "모이면 기도하고 흩어지면 전도하자" 라는 표어를 써서 기도와 전도를 강요한 선교사였다.

힌두교로 가득 찬 이 인도 땅, 우상 숭배로 가득 찬 이 인도 땅, 골목마다 하누만(손오공)의 우상이 있고, 뱀들의 형상들을 나무 아래 세워놓고, 마을 입구마다 링가(남성근)의 형상을 만들어 놓고 이들에게 절하는 사람들이 사는 마을에 담대하게 들어가서 터를 정하고 십자가를 세운 교회와 고아원을 세우니 현지 텃세를 부리는 마을 청년들의 핍박과 행패가 무척 심했고, 도둑이 끊임없이 고아원을 드나들었다. 핍박하는 이들에게 우물을 파서 물을 주었고, 의료 선교를 끊임없이 하였다. 그래도 깡패들은 여전히 협박을 하며 달려 들었다.

그때마다 김 선교사는 "내가 죽어야 주님께서 산다."라는 다짐을 하며 깡패들을 가슴으로 끌어 안기 시작했다. 지역 주민들을 가슴에 안고 급기야는 마을 촌장들도 김 선교사 앞에 무릎을 꿇기 시작했다. 그때부터 모든 마을 사람들이 김 신교사를 이렇게 불렀다.

"아바지(아버지) 아바지(아버지) 김 아바지"

물론 인도 목회자들이 다 훌륭한 것은 아니다. 생계 목적으로 목회자가 된 사람들도 있다. 이들은 김 선교사에게는 목회자의 모습으로 와서 겸손을 배우지 않고 김 선교사를 배반하고 물질을 탐하는 현지 목회자들도 있었다. 그들에게도 김 선교사는 "우리 죽어서 천국에는 같이 가야 한다." 타이르고 권면을 하였다.

선교지에서의 하나님의 심판은 무서웠다. 선교사를 대적하는 목회자들에게는 하나님께서 저들의 목숨을 거두어 가시는 것을 여럿 보았다.

김 선교사는 한 세대에 수많은 일을 하여 잃어 버린 영혼을 찾는데 최선을 다했다.

한 사람 충성된 하나님의 선교사가 이처럼 큰 일을 하며 영혼 구원에 최선을 다하는 일이야 말로 우리 모두가 본 받아야 할 일 이다.

추천사

선교지에 나타난 성령행전의 역사

신상현 원로목사
(울산 미포교회, 예장고신 증경 총회장)

코로나로 세상이 어렵다 한들 하나님께 조차 그 어떤 것이 어려움이 될까? 우리가 생각하는 작은 그 생각을 훌쩍 뛰어넘어 초월하시는 분이 우리 하나님이시다. 하나님이 저자를 잡아 인도에 떨어뜨리시고 매순간마다 사람의 생각지 못할 부흥의 역사가운데로 인도하셨다.

빈민으로 가득한 인도, 그중에서도 불가촉 천민들 가운데 맨몸으로 들어가 주를 위해 생을 바친 저자의 인생은 하나님의 특별한 능력과 은혜로 만드신 선교행전의 역사요 현장인 것이다.

자녀를 두고 선교를 떠났고, 충분한 물질없이 믿음으로 떠났고, 빈 손의 시작이지만 오직 예수 그리스도의 십자가만 붙들고 달려갔더니 하나님이 예비하시고 일하신 27년의 수많은 열매를 이 책을 통해 증거해주고 있다. 한 사람을 통해 160여 개 교회를 세우고 500개의 가정교회가 세워진 것은 한국 선교역사가운데 드문 부흥의 열매이다.

저자와 함께 울산 지역에서 교회를 섬겼고, 도마선교센터의 사역에도 함께 동역한 동역자로서 굉장히 감격스럽고 자랑스러워 하지 않을 수 없다.

하나님이 일하시는 역사의 현장, 수많은 고아들이 주의 일꾼, 목회자로 세워져 하나님의 나라를 세워가는 현장을 보고 싶지 않은가?

하나님이 인도에서 일하신 복음의 능력과 권능을 글로 펼쳐보인 은혜의 선교 스토리 속으로 깊이 들어가보시기 바란다.

살아는 갈 수 있지만 특별하긴 힘들고, 헌신은 하지만 다 버리고 생명까지 불사할 헌신은 주저함이 따른다. 현실을 따지는 우리에게는 힘겨운 선택의 연속인 것이다.

모든 삶의 기로에서 십자가의 길을 선택하고 주의 영광을 위해 걸어오신 김정구선교사님께 찬사를 아끼지 않겠다.

불요불굴(不撓不屈), 걸어온 길이 구부러지도 꺾이지도 않으며 오직 한 길, 잃어버린 인도의 영혼들을 주께로 인도하기 위해 한 사람의 희생과 헌신을 받으시고 수많은 난관을 거치며 기필코 승리를 이루게 하신 하나님의 일하심에 경외와 찬송을 올려드립니다.

Praise be HIS Holy Name.

Bishop. Rev. Dr. M. J. JOHNSON. Chairman,
ALL INDIA CHRISTIAN DEMOCARATIVE FRONT,
BANGALORE, KARNATAKA, INDIA.

I am happy to say a few things about the work of Rev. Dr. KIM JEONG KOO, Chairman, INDIA ST. THOMAS MISSION, BANGALORE, KARNATAKA, INDIA.

Thirty years of journeying with him was a great blessing for me from the Lord Almighty. From the beginning, I joined hands with him in India.

When Reverend Kim came to India with his great mission and vision, we established and registered a trust in the name of. INDIA ST. THOMAS ACADEMY and CHARITABLE TRUST. Under this banner, we established and did many social and spiritual activities in India. The past 30 years of working together there had its ups and downs, but by the grace of our

Lord Jesus Christ, we overcome everything.

God helped Reverend Kim establish many churches, orphanages, clinics, widows helping centres, schools, Bible colleges, and Leprosy centres. He is also supporting the blind and disabled, and many

• God had a great plan for India through Reverend Kim.

When God told Reverend Kim to go India, he was not willing to go because of the language barrier and not wanting to leaving his own church. But God fixed his plan sent him to India. God was dealing with Reverend Kim in many ways, but they did not work. One day, while driving his car, Reverend Kim was met with an accident. The car was heavily damaged, and he got bruises on his body, but God saved his life. Even after the incident, Reverend Kim did not understand the plan of God. Finally, God had no other option but to destroy his own church, which was his hope. One day, his church was destroyed?burnt by fire.

(An eagle destroys its own nest to teach its eaglets to fly. There is no other option for the eaglets but to fly. They trust in the mother eagle to take care of them. But the mother eagle is not just telling them to jump, "I will take care of you." No, she is teaching them to fly. Thus, the eagle speaks the qualities of the vision and the mission.)

Finally, Reverend Kim had no other option but to

surrender himself to God, to do the will of God. He accepted God's plan and His purpose for India. Praise God.

Thus, his mission in India started, He came to India.

Meanwhile, God was preparing me in India to work with Reverend Kim. When the reverent came to India, I joined forces with him like Moses and Aaron.

Moses came with a great mission and vision. Aaron joined him and was Moses' 'mouth.' Likewise, whatever Reverend Kim had in his mind, I was right there with him. In those days, we had been praying to God to send someone who wanted to do Thy will. I had no mission or vision. I just wanted to serve the Lord faithfully in this world. God heard our family's prayer and brought Reverend Kim to India. I am doing ministry with Reverend Kim in India to this day, Praise God.

Like Ruth said to Naomi, "Your people is my people, your God is my God."

I took this opportunity to say to Reverend Kim, "Your mission is my mission, your vision is my vision."

The first work Reverend Kim started in India was Love House. Love House is a home for children that admitted many orphans and semi-orphan children. Most of them are Hindu, and he provided everything that they needed. They enjoyed their life in the love house. They were served delicious and nutritious food, provided good accommodations, dressed nicely, and more. On top of the good food and accommodation, spiritual guidance was provided.

Children were growing physically and spiritually.

> Daily devotional

> Daily morning prayer

> Daily Bible reading, and other activities

For the sake of children, Reverend Kim started Bible school on the campus and appointed Bible teachers, The children were taught from the Word of God in the right manner. Every year, children were added to the Love House.

Children who came to the love house and saw Appoji's love, affection and compassion became good children. Their lives were changed. They studied in the Bible college, and now they are pastors and and evangelists serving God in many parts of India.

Idol worshippers became worshippers of the Living God. What great work! What a great challenge through Appaji.

What a great plan of God in Appaji. God's plan is always perfect, and there is no changing that fact, Praise God for His Marvelous work in India.

Like St. Paul says in Colossians. 1; 28.

Whom we preach, warning everyman, and teaching every man in all wisdom; that we may present every man perfect in JESUS CHRIST. Appaji aim is to make all the student servants of God, to do His work in India. Praise God ,all the glory and honour for Almighty God through Appaji.

> Sufferings in India

When Reverend Kim saw the sufferings of village pastors, his heart was filled with compassion. His heart was moved, so he started monthly support for pastors and gave bikes or scooters to all the pastors.

More pastors were added in our fellowship, and for all the pastors, Reverend Kim constructed churches and houses. For untrained pastors, he started Bible college, and appointed bible scholars and teachers. It become regular bible college. Lots of students studied and graduated in our Bible college. Glory to God.

Every week, there were pastors meetings. Every month, a seminar was conducted. Every time, delicious food and accommodations were provided for all pastors. Many Bible scholars, preachers, and senior pastors came from South Korea for our seminars. Their life-changing testimonies and inspiring messages revived everyone in our fellowship. It was a great blessing for all.

Many Korean missionaries came and prayed for India, supported us financially, and showed great commitment. God will Bless them all. We pray for them. They will receive their reward in Heaven. God is a righteous God.

During the seminar days, we felt like we were going to a festival. It was a golden time in our lives. Even now, we remember those days as the days of blessings we cannot forget in life. Praise be to His holy name.

In all, Appaji and Ammoni dedicated their lives for Indian

ministry.

> Appaji was a man of prayer.

> Appaji was humble.

> Appaji was a simple man. His humility and simplicity brought many people toward him.

> He supported many people in his village, those who were in need.

> He constructed buildings for government schools, provided computers, helped build wells and water tanks. He was a popular person in that village. Everyone lovingly call him Appaji. Praise God.

> Many churches,

> Many orphanages,

> Many schools,

> Bible colleges,

> Leprosy centres,

> Helping centres for the blind and disabled,

> Helping centres for widows, and much more.

Doing missionary work in India is not easy job. Reverend Kim faced lot of problems and opposition from all sides. There was opposition from within and outside the ministry, but God gave him victory. This is because God was with him.

Romans. 8:37 says:

Ney in all these things we are more than conquerors through Him that Loved Us. Praise God.

In doing ministry, cooperation is the most important. So many pastors supported the ministry well, but a few were not faithful. Many pastors sincerely helped praise God.

> The public showed great support, even though they were not saved. There was support from the government office, police department, and education department. God raised many people from many areas. It was another success. Glory be to God.

The purpose of sending Rev. Dr.Kim Jeong Koo (Appaji & Ammoni) to India was a great success. Mission India is a complete one.

> Through Appaji, many pastors Blessed;

> many children Blessed;

> many people Saved;

> many churches and believers Blessed;

> many Indians are saved by Reverend Kim's ministry.

When God sent his own disciple to St. Thomas Academy, Christianity spread all over India. When God sent Appaji to India, his mission and vision were fulfilled and Mission India successfully established. Praise the Lord.

> Reverend Kim may not be in India forever, but he is living in many people's hearts even today.

> His good work will always be remembered in India.

> His prayer for Indian souls will always be remembered.

> His compassion for the poor and needy will always be remembered.

In all, there is a great reward in heaven waiting for Reverent Kim to be received from the Almighty God. Our Father will say "Well done my son. Enter into my joy." Thank God.

All the Glory and honor to Jesus and Him alone.

I pray, may the Almighty God of heaven and earth bless and keep Reverend Kim in good health, and guide him all the days of his life. We all say Amen.

Thank you to all those who read this book. I pray and bless you all in the name of our Lord and Savior Jesus Christ. Amen.

하나님의 거룩하신 이름을 찬양합니다

M.J 존슨목사 신학박사
인도 참빛호산나교회담임목사
인도 도마선교센터 총괄회장
전인도 초교파 협의회회장

저는 도마선교센터 및 카나타가 설립자인 김정구 목사님의 사역에 대하여 추천의 말을 할 수 있는 것을 기쁘게 생각합니다. 김정구 목사님과 30여년 동안 사역의 초기부터 위대한 여정을 함께 할 수 있었던 것은 저에게는 전능하신 하나님으로부터 온 큰 축복이었습니다.

그분이 위대한 비전과 사명으로 인도에 왔을 때, 우리는 인도 도마아카데미와 자선단체를 설립하였습니다. 그리고 설립된 이 단체들을 통하여 인도에서 우리는 많은 영적, 사회적 사역들을 진행하였습니다. 30년 동안 김정구 선교사님과 함께 일하면서 여러 번의 부침이 있었지만 우리 주 되시는 예수 그리스도의 은혜와 능력으로 우리는 이러한 모든 일들을 극복할 수 있었습니다. 하나님은 그분을 도와서 많은 교회들과, 고아원, 클리닉, 학교, 신학교, 한센인 센터, 가난한 자들과 눈먼자들 그리고 과부들을 위한 사역들이 진행될 수 있도록 하셨습니다. 하나님은 그분을 통한 위대한 계획을 인도에 가지고 계셨습니다.

하나님께서 그분에게 인도로 가라고 말씀하셨을 때, 김정구 선교사님은 언어적 문제와 정든 교회를 떠나서 인도에 가는 것을 기꺼이 순종하지 못했습니다. 그러나 하나님은 그를 인도에 보내는 것을 작정하셨습니다. 하나님은 여러 가지 방법으로 그를 다루어 순종하게 하셨습니다. 어느 날 하나님의 말씀에 주저하고 순종하지 못하고 있을 때, 김정구 선교사님은 큰 교통사고를 당하였습니다. 육체적으로 크게 다치는 사고였지만 하나님은 그분의 생명은 보존시켜 주셨습니다. 그리고 그분의 희망이자 그분의 열정을 쏟은 교회가 불에 타서 크게 파손 되었습니다.

마치 독수리가 그의 어린 새끼가 푸른 창공을 날 수 있도록 훈련시키기 위하여 그의 둥지를 흔들어 파괴하는 것처럼. 어미 독수리는 새끼를 돌볼 것입니다. 그러나 어린 새끼에게 네가 뛰어내리면 내가 돌보겠다고 말하지 않고 새끼를 떨어뜨려 날 수 있도록 훈련시키는 것처럼, 하나님은 김정구 선교사님을 고난을 통하여 훈련시켜 하나님의 사명과 비전을 실행할 수 있도록 하셨습니다.

마침내 김정구 선교사님은 더 이상의 선택의 여지가 없을 때, 오직 그 자신을 하나님께 온전히 순종하여 하나님의 뜻을 행할 것을 결단하였으며, 하나님의 인도를 향한 계획과 목적을 받아들이게 되었습니다. 하나님께 찬양을 드립니다.

김정구 선교사님이 인도에 와서 그분의 사역이 시작되었습니다. 하나님께서는 마치 모세와 아론처럼 인도에서 김정구 선교사님과 제가 함께 사역을 할 수 있도록 준비시켜 주셨습니다. 모세가 위대한 비전과 사명을 가지고 왔을 때에 아론은 모세와 함께 사역에 동참하면서 그의 입이 되었습니다. 김정구 선교사님이 무엇을 하든지 저는 그분과 함께 하였습니다. 저에게는 그 당시에 뜨거운 사명감이나 비전이 없었습니다. 저는 단지 하나님을 신실하게 이 땅에서 섬기기를 원했습니다. 하나님은 우리 가족의 기도를 신실하게 들으시고 그분을 인도로 보내주셨습니다. 처음부터 지금까지 저는 김정구 선교사님과 함께 사역을 하고 있습니다. 하나님께 영광을 돌립니다. 마치 룻이 나오미에게 말한 것처럼, "당신의 백성이 나의 백성이며, 당신의 하나님이 나의 하나님입니다." 그래서 저는 이 기회를 붙들었고 김정구 선교사님의 사명이 나의 사명이 되었으며 그분의 비전이 나의 비전이 되었습니다.

　　김정구 선교사님이 인도에서 한 처음 사역은 사랑의 집 사역이었습니다. 이 사역은 대부분 힌두 출신인 고아들과 준 고아에 속하는 아이들을 받아들여 그들이 원하는 것을 공급해 주는 사역이었습니다. 그들은 사랑의 집에서 그들의 삶을 즐겼습니다. 왜냐하면 그들에게 영양가 있는 좋은 음식과 좋은 숙박시설 그리고 훌륭한 옷들과 필요한 것들이 공급되었기 때문입니다. 또한 그들에게 영적인 공급도 제공되었습니다. 그래서 어린아이들이 육체적으로 뿐만 아니라 영적으로도 잘 성장할 수 있었습니다. 매일 경건의 시간이 있었고, 매일 새벽기도가 있었습니다. 그리고 매일 성경읽기와 영적인 활동들이 있었습니다. 그리고 김정구 선교사님은 아이들을 위하여 성경학교를 캠퍼스에 개설하였습니다. 훌륭한 성경교사를 초청하여 아이들이 영적인 만나를 공급받을 수 있도록 하였습니다. 사랑의 집에서 아이들은 매해 적절한 영적인 양식을 공급받을 수 있었습니다.

사랑의 집에 온 아이들은 아버지의 사랑과 긍휼 및 애정어린 관심을 받을 수 있었고 그들은 좋은 아이들로 성장하였고 그들의 삶은 변화되었습니다. 그들은 신학교에서 공부를 하였고, 지금은 그들이 목사가 되었고, 선교사가 되었고, 또한 전도자가 되어 인도의 여러곳에서 사역을 하고 있습니다. 우상 숭배자였던 그들이 아버지를 통하여 위대한 도전적인 사역들을 감당하고 실행하는 살아계신 하나님을 경외하는 예배자들이 되었습니다. 아버지 안에 있는 하나님의 놀라운 계획이 어떠하든지 간에, 그 하나님의 계획은 완전하고 변함이 없습니다. 인도에서 위대한 일을 행하신 주님을 찬양합니다.

골로새서 1장 28절에서 사도바울이 말한 것처럼, "우리가 그를 전파하여 각 사람을 권하고 모든 지혜로 각 사람을 가르침은 각 사람을 그리스도 안에서 완전한 자로 세우려 함이니"

아버지의 목적은 모든 학생들을 하나님을 섬기는 자로 만들어 인도에서 하나님의 일을 감당하도록 하는 것입니다. 아버지를 통하여 역사하시는 전능하신 하나님께 존귀와 영광을 올려 드립니다.

김정구 선교사님은 인도의 목회자들이 고통당하는 것을 보면, 그분의 가슴은 사랑과 긍휼의 마음으로 채워졌습니다. 그래서 그

분은 매달 가난한 목회자들을 지원하고 그들이 필요로 하는 오토바이와 스쿠터를 모든 목회자들에게 구입해 주었습니다. 많은 목회자들이 우리의 교단에 가입하게 되었고 김정구 선교사님은 목회자들에게 교회와 사택을 건축해 주었습니다. 제대로 훈련받지 못한 목회자들을 위하여 신학교를 설립하여 성경학자들과 교수들을 초빙하여 그들이 교육을 받을 수 있도록 하였습니다. 많은 학생들이 우리의 신학교에서 공부하여 졸업을 하였습니다. 하나님께 영광을 돌립니다.

매주 신학교에서는 목회자들의 모임이 있고, 한달에 한번씩 목회자들을 위한 세미나가 있었습니다. 참석한 모든 목회자들에게는 좋은 음식과 숙박이 제공 되었습니다. 많은 성경학자들과 목사님들이 한국에서 와서 세미나를 인도해 주셨고 간증과 영감있는 메시지를 통하여 참석한 모든 사람이 도전과 은혜를 받았습니다. 참석한 모든 사람들에게는 큰 축복이었습니다. 많은 한국 선교사님들이 인도에 오셔서 인도를 위해 기도해 주셨고, 재정적으로 지원해 주셨습니다. 그들의 헌신은 매우 위대한 것이었습니다. 하나님께서 그들 모두를 축복해 주시기를 우리는 간절히 기도합니다. 그들은 또한 하늘나라에서 의로우신 하나님으로부터 큰 상을 받게 될 것입니다. 신학교에서 공부했던 시기는 우리에게는 축제와 같은 시간이었고 우리 인생의 황금의 기회였습니다. 우리는 지금도 그 때의 일을 기억하면서 그 때의 그 시간들을 잊지 못한 채 아름답게 기억하고 있습니다. 거룩하신 하나님을 찬양합니다.

아버지와 어머니는 인도의 사역을 위하여 그들의 일생을 헌신했습니다. 아버지는 기도의 사람이었습니다. 아버지는 겸손한 사람이었습니다. 아버지는 검소한 사람이었습니다. 그분의 겸손함과 검소함이 많은 사람들이 그분에게 오도록 하였습니다. 김정구 선교사님은 지역사회에서 필요가 있는 마을 사람들을 도왔습니다. 그분은 공립학교를 세워주었습니다. 필요한 교실을 만들어 주었습니다. 공립학교에 컴퓨터를 제공하였고, 그들에게 필요한 수도펌프를 제공하였습니다. 그분은 지역사회에서 인기가 있는 귀한 사람으로 사람들을 그를 가리켜 '아버지'라고 불렀습니다. 하나님을 찬양합니다.

인도에서 많은 교회들을 짓고, 많은 고아원을 운영하며, 신학교를 세우고, 한센인 센터를 운영하고 극빈자들 및 과부들을 돕는 사역을 진행한다는 것은 쉬운 일이 아닙니다. 인도에서 이러한 사역들을 진행하면서 많은 문제들을 만났고 어려움에 직면하기도 하였습니다. 안에서의 반대도 있었고 밖에서 김정구 선교사님을 대적하고 사역을 어렵게 하는 사람도 있었습니다. 그러나 하나님께서는 그분에게 승리를 주셨다. 왜냐하면 하나님이 그분과 함께 하시기 때문입니다. 로마서 8장 37절은 말하기를, "그러나 이 모든 일에 우리를 사랑하시는 이로 말미암아 우리가 넉넉히 이기느니라." 기록하고 있습니다. 사역을 하는 가운데 중요한 것은 서로 협력하는 것이 가장 중요한 일입니다. 많은 목회자들은 대부분 잘 협력하는 반면에 또한 몇몇은 그렇지 못하고, 신실하지 못한 경우도 있습니다. 대부분의 많은 목회자들이 신실한 모습으로 그분을 도왔습니다. 하나님께 영광을 돌립니다.

또한 구원받지 못한 자들 조차도 공공연하게 많은 도움을 주었습니다. 그중에는 정부요원도 있었고, 경찰서, 교육청에 있는 분도 있었습니다. 하나님은 많은 지역에 있는 사람들을 일으켜서 하나님의 사역이 진행되도록 하셨습니다. 하나님께 영광을 돌립니다. 하나님께서 아버지 김정구 목사님과 어머님을 인도에 보내신 목적은 인도의 사역이 위대한 모습으로 성공적으로 완성되도록 하기 위함이었습니다. 아버지를 통하여 많은 목사들이 축복을 받았습니다. 아버지를 통하여 많은 아이들이 축복을 받았습니다. 아버지를 통하여 많은 사람들이 구원을 받았습니다. 아버지의 사역을 통하여 많은 인도인들이 구원을 받았습니다. 하나님께서 인도에 사도였던 성도 마를 보내서서 기독교가 인도의 전역에 퍼지게 하셨습니다. 하나님께서 김정구 선교사님, 아버지를 인도에 보내서서 하나님의 비전과 하나님의 사역이 인도에서 성공적으로 실행되게 하셨습니다. 하나님을 찬양합니다.

김정구 선교사님은 인도에서 영원히 살지는 못할 것입니다. 그러나 그분은 많은 인도의 가슴에 오늘도 살아있습니다. 그분의 좋은 사역이 인도에서 항상 기억될 것입니다. 그분의 인도를 위한 기도가 항상 기억될 것입니다. 가난한 자들과 많은 필요를 가진 자들을 향한 그분의 사랑이 항상 기억될 것입니다. 이러한 모든 것에 대하여 전능하신 하나님께서 하늘의 큰 상급을 그분에게 주실 것입니다. "착하고 충성된 종아 수고했다"고 "나의 기쁨에 참석하라"고 하나님께서 말씀하실 것입니다. 하나님께 감사를 드립니다. 존귀와 영광을 홀로 한분이신 예수 그리스도에게 돌립니다. 나는 하늘에 계신

전능하신 하나님께서 땅의 축복을 그분에게 주어 그분이 건강하기를 기도하며, 그분의 평생을 인도해 주시기를 간구합니다. 아멘.

이 책을 읽는 모든 분들에게 감사를 드립니다. 이 책을 읽는 모든 분들이 하나님의 축복을 받을 수 있기를 우리의 구원자 되시는 예수 그리스도의 이름으로 기도합니다. 아멘.

A man of God, my father

아브라함 목사
신학박사
인디아장로회 신학교 부총장
갈보리교회 담임목사

Praise the Lord.

First of all, I give thanks to our Lord God and Savior Jesus Christ.

Secondly, I give thanks to you, pastor Cheon Sik Choi, for helping our Appaji (아버지) write a book about his life. Thank you so much.

This is pastor Abraham (sundar raj) from South India. By the grace of our God, he is a pastor at Calvary church. He is also running a bible college seminary, orphanage, and other church buildings.

I met our Appuji at the age of 12 in India, at St. Thomas Academy. The academy was in the jungle, where there were no buses, no cars, and no telephones. At night, we could hear wolves and the sounds of other animals. I was surprised and full of wonder at seeing Appuji ammani there, at a place with no proper houses or buildings. You see, the academy was all of three coconut houses, built from trees.

The three coconut houses had names:

The first was called love house.
The second was called peace house.
The third house was the dining hall and Chapel, to worship God.

Truly, I was so amazed to see white people in the midst of the forest. Even I had not wanted to live in that jungle, but my mother said, "If you ever leave this jungle, I will commit suicide." So, I was forced to stay at St. Thomas Academy in India.

But as the days went by, I forgot my home and my parents' love. At the academy, whenever we were hungry, our Appuji would cook for us. I still remember Appuji's egg omelet and the way he flipped the omelet on the pan. We really enjoyed watching him cook. Whenever we lacked clothes or the weather changed, our Ammani used to give us shirts, pants, and sweaters to wear. Our St. Thomas Academy in India was filled with the love of God. In that remote area, we felt and sensed the love of our Lord and Savior Jesus Christ.

Every morning around 2 a.m., I used to hear a strange loud voice, "주여, 주여." This was our Appuji praying to God every day.

Appuji used to travel long distances for church construction or to visit the orphanage. He would return very late.

My friends and I used to think that Appuji would not wake up at 2 o'clock the next morning because of his travels. But without fail, Appuji started his prayer at 2 a.m. every morning.

We wondered how a man can pray every day at 2 a.m., even when sick or after traveling. It was unbelievable to us. We thought that maybe our Appuji had a tape recorder. Maybe he recorded his prayer and played it every morning at 2 a.m.

One day, I wanted to confirm that our Appuji was in prayer. I climbed the wall near Appuji's room at 2 a.m. and went near the window, where I silently looked for the tape recorder. I coulnd't find a tape recorder, but I saw a man of prayer, who was kneeling and raising his hands. He was shouting "주여, 주여, bless Abraham, bless Moses..." He was praying for every on of us kids. He said, "Use them for India, for your kingdom, and for your glory." Appuji's face was different then. His face was filled with joy. There, I felt the presence of God. Appuji was communicating with God. From then to till this day, I respect him a lot more than my parents.

● Our Appuji was a man of honesty and punctuality

Our Appuji was very careful about money and time. He never misused even a single penny in his life. He was very humble and down-to-earth, always wearing a old clothes. Until this day, I have not seen him buy clothes for himself.

Even when we went to restaurants, Appuji always ordered the same thing: just vegetable fried rice and chili chicken. Wherever restaurant we went, it was always the same menu, no change. Other foreigners had good food, so one day I asked our Appuji, "Appuji, you have lot of money but you always treat us with the same menu, and you always wear old and torn clothes."

At this, he replied, "Abraham, all the money I have is not mine. It's an offering from the Korean church believers. In their offering there is blood and sweat. I can't enjoy this offering for pleasure. How can I eat expensive food? How can I misuse God's money?" At the time, I didn't understand. But now, I understood Appuji's words. Now, I really feel proud of our Appuji.

Once a gangster came to our st Thomas academy with big knife his name was One day, a Muniyappa villager went directly to Appuji and pulled out a big knife. He sked for money and was shouting at Appuji, "If you don't give me money, I will stab you!"

We were small kids, so we were crying loudly in fear. But

Appuji told that gang leader, "I don't have money. If you want to kill me, just kill me." Appuji lowered his head, but something happened to that gangster. He just went away silently.

We really gave thanks to God for that wonderful miracle.

I am so thankful for all the sponsors who helped and supported our Appuji from South Korea. He really never misuses the Koreans' offering. He counted every single penny as the most precious offering.

He taught us to pray.

He showed us how to use the offering for God's work.

He showed how to be honest.

He showed the love of God.

There are many more testimonies about our Appuji, but overall, I am really thankful to our Lord Jesus for sending our Appuji to India.

Thank you,
Pas Abraham

Dr. Rev. Abraham

나의 아버지, 김정구 선교사

아브라함 목사
신학박사
인디아장로회 신학교 부총장
갈보리교회 담임목사

무엇보다도 먼저 우리의 주와 구원자 되시는 예수 그리스도께 감사를 드립니다.

둘째로 아버지를 도와서 아버지에 관한 책을 쓰시는 최천식 목사님에게도 감사를 드립니다.

나는 하나님의 은혜로 사우스 인도에서 갈보리교회를 목회하고 있는 아브라함 목사로서, 신학교와 고아원을 운영하고 있으며 또한 교회개척과 교회건축 사역을 담당하고 있습니다.

저는 12살 때에 인도에 있는 도마선교센터에서 아버지를 만났습니다. 그 첫 번째 도마센터는 버스도 없고 차도 없으며 전화도 없는 정글의 숲속에 세워져 있었습니다. 저녁에는 여우를 비롯한 사나운 들짐승들의 소리가 들려왔고 주변에는 건물이 거의 없었던 놀라움과 두려움을 느낄 수 있는 그곳에서 저는 아버지와 어머니를 만났습니다. 건물이라고는 코코넛 잎과 나무로 지어진 3개의 건물이 전부였습니다. 첫 번째 건물은 '사랑의 집' 이었고, 두 번째 건물은 '평화의 집' 이었습니다. 그리고 세 번째 건물은 식당과 예배실로 사용되었습니다.

저는 정말로 이러한 정글에 사람이 산다는 것이 참으로 의아하였습니다. 저는 이러한 곳에서 살고 싶지 않았습니다. 하지만 어머님은 내게, "만약 네가 이곳에서 머무르지 않고 나오면 본인이 자살해 버리겠다"고 하면서 강제로 제가 도마선교센터에서 지내도록 하였습니다. 처음은 거북하였지만, 시간이 갈수록 저는 아버지와 어머니를 사랑하게 되었고, 도마센터를 집처럼 생각하게 되었습니다. 왜냐하면 우리 고아들이 배가 고플때에 아버지는 우리를 위해 요리를 만들어 주었습니다. 아버지가 자주 앞 뒤를 익혀서 만들어 주신 계란 오믈렛을 정말 좋아했고 지금도 생각이 납니다. 계절이 바뀌어 옷이 필요할 때 우리의 아버지와 어머니는 우리들에게 바지와 웃돌이 그리고 스웨터 등 우리가 필요한 의복들을 공급해 주었습니다. 정말로 우리의 인도 도마선교센터는 하나님의 사랑으로 가득찬 곳이었고, 멀리 떨어진 곳에서도 우리는 그 곳을 생각하면 우리의 주와 구주가 되시는 예수님의 따뜻한 사랑을 느낄 수 있었습니다.

우리의 아버지는 기도의 사람이었습니다.

매일 새벽 2시가 되면 아버지는 일찍 일어나 새벽기도를 하시면서 '주여!, 주여!' 하고 크게 부르짖으며 기도를 하였습니다. 아버지는 교회건축을 위하여 먼 곳을 여행할 때가 많았고 다른 곳의 고아원을 돌아보시고 밤 늦게 돌아올 때가 많았습니다. 저와 친구들은 아버지가 내일 새벽은 2시에 일어나서 새벽기도를 못하실 거라고 생각했습니다. 왜냐하면 먼 곳을 다녀오셔서 피곤하실 테니... 하지만 아버지는 어김없이 새벽 2시에 일어나셔서 기도하셨습니다.

저와 친구들은 '어떻게 사람이 하루도 빠짐없이 피곤함에도 불구하고 새벽2시에 일어나서 기도할 수 있을까?' 의아해 하면서, 아마도 아버지가 테이프 레코더를 틀어 놓았을 것이라고 생각하였습니다. 새벽 2시가 되면 그 테이프 레코더를 틀어 놓고 옆에서 잠을 잘 것이라고 생각을 하였습니다. 어느 날 저는 아버지가 테이프 레코더를 틀어 놓고 잠을 자는지 아니면, 진짜 기도하는지를 확인하기 위해서 기도가 시작될 때에 예배실 옆에 있는 창문으로 올라가서 그 안을 확인해 보았습니다. 그 곳에는 테이프 레코더는 없고, 아버지가 양손을 높이 들고 무릎을 꿇고 "주여! 주여!"을 외치면서 우리 고아원 아이들의 이름을 한 사람씩 부르며 기도하고 있었습니다. "주여! 아브라함을 축복해 주소서, 모세를 축복해 주소서" 아버지는 모든 고아원 아이들의 이름을 부르며 간절히 기도하셨고, 하나님 나라의 확장을 위하여 기도하였습니다. 아버지의 얼굴은 성령이 충만하여 영광의 기운으로 빛이 났으며 하나님의 존전에서 하나님과 깊이 그날부터 지금까지 교제하고 계십니다. 저는 저의 부모님들보다 더 김정구 아버님을 존경합니다.

아버지는 정직하고 신실하신 분이십니다.

우리의 아버지는 물질과 시간에 대하여 매우 신실하신 분이십니다. 그분은 결코 조금마한 돈도 헛되이 사용하지 않으셨습니다. 그분은 매우 겸손하시고 또한 검소하셨습니다. 자신을 위해서는 옷 한 벌 사는 법이 없으시고 언제나 낡고 오래 된 옷을 입고 지내셨습니다. 우리가 식당에 갔을 때도 아버지는 항상 값싼 음식, 즉 볶음밥과 칠리치킨을 주문하였습니다. 우리가 다른 식당에 가서 다른 외국인들이 좋은 음식을 시킬 때도, 아버님은 한결같이 값싼 음식을 주문하셨습니다. 저는 어느 날 아버지에게 물어 보았습니다. "아버지, 아버지는 돈이 많으면서 왜 매일 같이 값싼 음식만 시켜 드시고, 낡고 허름한 옷만 입고 다니십니까?" 그때 아버지는 다음과 같이 대답하셨습니다. "아브라함, 내가 가지고 있는 돈은 내 돈이 아니라, 한국의 성도님들이 보내주신 귀한 헌금이다. 그 헌금은 그분들의 땀과 피의 결정체이다. 그러기에 내가 어찌 그 귀한 물질을 나를 위해 좋은 음식과 좋은 옷에 사용할 수 있겠니?" 그때 당시에는 그 말을 이해하지 못했지만, 지금은 그 말을 이해하며, 우리의 아버지가 훌륭하신 분이라는 것을 깨닫고 있습니다.

어느날 무니아빠라는 강도가 큰 칼을 들고 도마선교센터를 침입한 적이 있습니다. 그는 곧장 아버지에게 다가가 큰 칼로 위협하며 아버지에게 큰 소리로 돈을 요구하였습니다. "네가 만약 나에게 돈을 내 놓지 않으면 너를 이 칼로 깔기 깔기 찌를 것이다"라고 위협하였습니다. 우리는 그때 당시에 조그마한 소년들이었기에 겁에 질려

무서워 소리를 질렀습니다. 그러나 아버지는 그 강도를 찬찬히 쳐다 보시면서 "나는 돈이 없다. 네가 나를 찌르고 싶으면 찔러라." 하시 면서 목을 천천히 그 강도 앞에 내려 놓았습니다. 그러자 그 강도는 차마 아버지를 찌르지 못하고 조용히 사라져 버렸습니다. 우리는 놀 라움과 경이로움 속에 하나님께 감사하며 영광과 존귀를 하나님께 올려 드렸습니다. 저는 우리 아버지를 위해 기도하고 후원하는 한국 의 모든 교회와 후원자들에게 진심으로 감사를 드립니다. 아버지는 결코 한국의 후원자들이 보내주신 귀한 헌금을 한 푼도 헛되이 사용 하지 않고, 그 물질에 대하여 책임감을 가지고 사용하시는 귀한 분 입니다.

아버지는 우리에게 기도를 가르쳤습니다.
아버지는 우리에게 헌금을 어떻게 사용하는 지를 가르쳤습니다.
아버지는 우리에게 정직을 가르쳤습니다.
아버지는 우리에게 하나님의 사랑을 보여 주셨습니다.

아버지에 대하여 간증할 것이 많이 있지만 이 정도만 하도록 하겠 습니다. 아버지를 인도에 보내 주신 우리 주님 예수님에게 참으로 감사를 드립니다.

감사합니다.

갈보리교회담임목사, 인디아장로회신학대학 부총장,
신학박사 아브라함

나의 나 된 것이 하나님의 은혜입니다

샬롬!

인도도마선교센터를 사랑하여 주시고 기도와 물질로 후원하여
주신 모든 분들께 하나님의 은혜와 축복이 함께 하기를 기원합니다.

제가 1994년도 인도로 부르심을 받고 갔을 때 한국선교사는 얼마
되지 않았고 인도는 선교하기가 쉽지 않은 나라였습니다. 비록 선교
하기가 힘들고 어려운 나라였지만 순종하여 인도에 갔을 때 인도에
서 저와 함께 1994년도 인도에 오신 양재일 목사(신학교 이사장),
최도웅 장로(평신도 선교사)를 우연히 만나게 되었고 지금까지 인도
에서 서로 교제하고 있습니다.

인도를 가기 위해 미리부터 선교를 훈련받고 준비한 것이 아니고,
부르심에 순종하여 갔기 때문에 제 자신이 인도의 언어와 문화에 많
이 준비되지 못했습니다. 그럼에도 불구하고 영혼을 구원하고자 하
는 간절한 마음으로, 비록 언어가 온전치 못하고 인도의 환경에 익
숙하지 못하다 할찌라도 어린아이들을 먹이고 키우는 사역은 할 수

있다고 생각하여 고아원을 세우기로 결심하였습니다.

고아원을 세우기 위해서는 도시보다는 시골로 가는 것이 좋겠다는 생각에 꼬디갈리 시골에 1,400평의 대지를 구입하고 코코넛 잎으로 집을 짓고 12명의 고아원 아이들을 입양하여 함께 생활하면서 사역을 시작하게 되었습니다.

하나님의 은혜로 해마다 고아원 원생들이 늘어나서 얼마 있지 않아 60여 명이 되었습니다. 이 아이들을 1당 백으로 훈련을 시켜 차세대 예수님의 제자로 양육하기 위하여 새벽 4시 30분에 기상하여 새벽기도를 6시 30분까지 드렸습니다. 새벽기도 후에 30분간은 구룹통성기도를 드렸고, 30분간은 성경외우기, 나머지 시간을 체조로 7시 30분에 모든 절차를 마치고 8시에 아침식사 후에 예배를 드린 후 일과가 시작이 되었습니다.

저는 가난한 가정에 태어나서, 경제적으로 어려워 초등학교를 제대로 졸업하지 못하였고, 성경학교, 신학교를 졸업하여 목사가 되었습니다. 교과과정에 영어과목이 없어서 영어를 제대로 배우지를 못했습니다. 영어를 못하는 가운데, 선교를 하겠다고 선교지에 오니, 어려움이 참으로 많았습니다. 배우려고 노력은 하였지만 늦은 나이에 영어를 하려고 하니, 잘 되지를 않았습니다. 언어소통의 문제를 놓고 하나님께 기도하는 중에 하나님께서 말씀해 주셨습니다.

"네가 영어를 하려고 노력하기 보다는 고아원 아이들에게 한국어를 가르쳐 한국어를 통역하게 하고, 한국어로 설교를 할 수 있도록 만들어라."는 응답이었습니다. 저는 하나님의 응답을 받고, 12명의 총기있는 고아원 아이들을 선별하여 그들에게 한국어를 가리켰습니다. 내가 영어를 공부하여 습득하는 것보다, 어린 고아원 아이들은 훨씬 쉽게 한국어를 습득하였습니다. 6개월 후에는 한국어를 통역할 수 있는 수준까지 이르게 되었습니다. 시간이 갈수록 아이들의 한국어 실력은 늘어갔고, 저는 인도에서 사역을 할 때에, 한국어가 가능한 아이들을 데리고 다니면서 그들의 통역을 통하여 인도사역을 계속해 올 수 있었습니다.

그 당시에 선택되어 한국어를 배운 아이들이 후에 목사가 되어 오늘날, 도마선교센터의 주역으로 활동을 하고 있습니다. 혼자서 외롭게 사역을 한 지 2년이 지나서부터 한국에서 단기선교팀들이 오기 시작하였습니다. 한 달에 3,4팀들이 방문을 하여 이들의 손길을 통하여 오늘날의 도마선교센터가 세워질 수 있었습니다.

단기선교팀 중에서 2005년 5월에 서울에 어느 모교회에서 학생회 담당 임미혜 목사님께서 학생들을 데리고 단기선교를 오시게 되었습니다. 그 후에 임미혜 목사님께서는 인도선교에 비전을 가지고 헌신하셔서 전임선교사로 파송받아 인도에 오시게 되었습니다. 임미혜 목사님은 그 후 고아원을 설립하시고 사역하시면서 바쁘신 중에도 우리신학교 교수로 섬기고 계십니다. 도마사립학교에 매주 화요일 학생예배를 인도하고 계시며 변함없이 한 가족같이 한결같은 모습으로 협력하고 계십니다. 임미혜 목사님에게 참으로 감사를 드립니다.

인도는 선교하기 좋은 나라로 한국교회에 그동안 인식되어 왔습니다. 단기선교도 마음대로 할 수 있었습니다. 어느 도시, 어느 동네의 골목을 활보하면서 마음껏 전도할 수 있었고 대중집회도 마음대로 할 수 있었습니다. 그런데 5년 전 힌두집권당이 모디를 총리로 세웠고 모디는 철저히 힌두교신자였습니다. 모디는 어릴적부터 자기 속에는 힌두의 피가 흐르며 앞으로 인도는 선교사가 없는 나라로 만들겠다고 공언하였습니다. 그가 총리가 되자, 그는 그의 공언대로 실천하며 선교사들을 추방하기 시작하였습니다. 선교의 문이 열렸을 때, 많은 사람들이 인도선교사로 헌신하고 인도에 왔으나 현재는 70%의 선교사가 추방이 되었고 지금은 얼마 남지 않은 가운데 있습니다.

인도에 남은 선교사들은 언제 추방당할지 모르는 두려움 속에 있으며 마음대로 활동할 수 없는 실정입니다. 앞으로 인도선교가 어떻게 될지, 저 또한 예측하기가 어려운 상황입니다. 2020년부터 전세계를 공포와 죽음으로 몰아넣은 코로나19 바이러스는 아직도 누그러지지 않고 있으며 현재는 델타변이 바이러스로 인하여 전세계 뿐만 아니라, 인도에도 수 많은 사람들이 목숨을 잃었습니다.

인도는 코로나19의 영향으로 지옥과 같은 아비규환의 모습으로 힘들어 하고 있습니다. 남은 인도선교사들 뿐만 아니라, 교민들도 거의 철수하여 한국으로 돌아왔습니다. 언제 인도의 하늘길이 열려 인도로 다시 돌아 갈 수 있는지는 확실히 모르지만, 주님께서 인도로 향하는 길을 열어주시기를 기도합니다.

인도의 모든 학교가 코로나19 여파로 문을 닫은지 1년 5개월이 되어가고 있습니다. 지출을 감당할 수 없어 2천 개의 학교가 문을 닫고, 폐쇄 되었습니다. 우리 도마사립학교도 지탱하기 어려운 가운데 있습니다. 수입은 없고, 교직원들의 월급은 지급해야 하기에 매달 경비를 빌려서 충당하고 있습니다. 인도에 갈 수도 없는 이러한 상황속에, 스트레스로 인하여 심한 불면증에 시달리게 되었습니다. 수면제를 먹어도 잠이 오지 않는 상황속에서 죽음의 고통을 느끼며 하루 하루를 살아왔습니다. 죽고 싶어도 죽을 수 없는 고통속에서 지금까지 살아있다는 것이 기적이며 하나님의 은혜입니다. 이제는 모든 것을 하나님의 손에 올려 드리고 맡기기를 원합니다.

이렇게 자서전을 펴낸다는 것이 잘못하면 자기 자랑이 될 수 있어 피하려고 하였으나 인도에 언제 갈지 모르는 불투명한 상황속에서 나의 사역을 한번은 정리해 볼 필요가 있다고 생각되어 용기를 내었습니다. 또한 주위에서 자서전을 출판하라는 여러분들의 권유가 있어서 시작하였습니다.

저는 부족함이 많은 자이며 인생을 살아 오면서 실수 또한 많이 하였습니다. 적지 않은 분들에게 실망을 주기도 하였기에 더욱 더 자서전을 낸다는 것이 조심스러웠습니다. 이 자서전을 보시는 분들은 저의 실수와 허물을 보지 마시고 부족한 종을 통하여 역사하신 하나님의 손길을 보시고, 은혜를 체험하는 기회가 되기를 소원합니다. 이 책이 나올 수 있도록 도와주신 모든 분들께 마음으로 깊이 감사를 드립니다.

2021. 9월
인도도마선교센터 설립자 : 김 정 구 목사

제1부

하나님의 꿈을
이루어 가는
도마선교센터

도마선교센터는 인도와 세계를 리드하는 예수님 제자를 양성할 목적으로 설립되었다. 예수님의 제자 도마 사도가 주후 52년도에 인도에 와서 20년간 복음을 전하다가 72년도에 순교했다. 그 피의 제단 위에 인도도마선교센타는 설립되었다.

CHAPTER 01

울면서 하나님께
기도하던 소년

나는 일본에서 태어나서 해방이 된 후 한국으로 오게 되었으나 6.25 전쟁으로 현재 김해공항이 있는 덕두로 피란을 오게 되었다. 전쟁으로 모든 것을 다 잃고 가난한 삶을 살아가고 있었다. 그때 아버지는 보국대로 차출되었다. 우리 집은 이학윤 장로님께서 조그마한 방 한 칸을 주셔서 그곳에서 지냈다. 너무 가난하여 초등학교 2학년 때는 등록금을 낼 수 없어 학교에 다닐 수가 없었다. 어린 몸으로 남의 집에 심부름도 하고 이발소에서 손님들의 머리를 감아주며 겨우겨우 살아갔다.

그 당시 김해공항에 미군이 주둔하고 있었다. 미군은 먹을 것이 풍부하여 음식물 쓰레기(짬밥)를 차로 산에 버리면 나는 깡통과 긴 나무젓가락으로 쓰레기 더미에서 먹다가 버린 소고기, 돼지고기,

햄, 소세지 등을 깡통에 주워 담았다. 집에 와서 깡통에 담아온 음식물을 물로 깨끗이 씻어 시래기를 넣어서 끓이면 죽이 되었는데 그것을 꿀꿀이 죽이라고 하였다. 그런 것을 먹고 살았으며 어린 나이에 밤에는 교회에 살면서 눈물로 하나님께 기도하였다.

"하나님 앞으로 제가 자라서 나보다 더 불행한 사람들을 위하여 학교와 병원, 고아원을 세워서 봉사할 수 있도록 도와주십시오."

나는 어려서부터 꿈을 꾸고 눈물로 마룻바닥을 적시며 기도하였다. 초등학교는 2학년을 다닌 후에 가정형편이 어려워 그만두었다. 집에서 쉬고 있을 때에 담임 김영배 선생님께서 우리 집을 방문하셔서 어머님께 "정구는 머리가 좋고, 똑똑하며 앞으로 큰 사람이 될 제목인데 왜 학교에 보내지 않느냐?" 하셨다. 어머님께서 선생님 손을 잡으시고 대성통곡을 하셨다.

"선생님, 부모가 되어서 왜 자녀를 공부시키고 싶지 않겠습니까? 먹을 것이 없고 월사금을 낼 수가 없어 보낼 수가 없습니다."

김영배 담임 선생님께서 "학교에 보낸다면 책임지고 공부를 시킬 것이니 걱정하지 마세요"라고 하셨다. 선생님의 배려로 초등학교 3학년을 1년 휴학 후에 다시 다닐 수가 있었다. 그 후 5학년 때 담임 선생님께서 다른 학교로 전근이 되셔서 5학년 때부터 학교를 더이상 다닐 수가 없었다. 그 후부터 온갖 일을 다 하면서 어린 나이에 공부가 하고 싶어서 학교 다니는 친구들을 뒤에서 바라보면서 참으로 많은 눈물을 흘렸다. 그 눈물을 마음에 삼키고 어린 시절 하나님께 나아가 날마다 미래의 꿈을 꾸면서 기도하였다. 하나님의 은혜로 그 꿈이 이루어지는 환상을 보면서 성장하였다.

주경야독의 청소년 시절과 교회개척

너무 가난하고 공부가 하고 싶어 대구로 이사를 가서 직장을 다니게 되었다. 내 마음속에서 어릴 때 꿈을 이루기 위하여 낮에는 직장에 다니며 일을 하였고, 밤에는 야간 성경고등학교에 다니며 공부를 하였다. 낮에는 일하고 야간에 학교를 다닌다는 것은 참으로 힘든 일이었다. 그러나 나에게는 공부하는 그 시간이 참으로 행복한 시간이었고 하루에 잠을 겨우 3시간 이상 자 본 적이 없었다. 그래도 열심히 공부하였고 주일날은 시골교회에 가서 교회 사역을 시작하였다.

신학교를 졸업하고 시골에 교회를 개척하여 야간에는 재건학교를 세웠다.배우지 못하는 학생들에게 배움의 길을 열어주고 농촌 계몽을 시작하였고 탁아소를 운영하여 농촌을 도왔다. 농촌지역에 여섯 개 교회를 개척하였다.

가는 곳마다 재건학교를 세웠고, 농촌 계몽을 통하여 농촌을 변화시키는데 앞장을 섰다. 이러한 활동이 좋은 결과로 이어져 박정희 대통령으로부터 청와대 초청을 받았고 표창장을 수여 받았다.

평생 시골에 살며 시골을 잘 사는 마을로 바꾸겠다는 일념으로 재건학교와 고등공민학교를 세우고 열심히 사역하다가 울산에 목회 길이 열렸다. 울산교회 부목사로 섬기다가 방어진 지역에 현대조선소가 설립 될 때 교회를 개척하게 되었다.

CHAPTER 02

울산에서 교회를 개척하다

울산 성림교회를 개척하면서 앞으로 학교를 세우고 병원을 세우고 고아원을 세울 것이라는 목표로 기도하면서 조그마한 집을 빌려 시작하였다. 개척 후 1년 만에 50명의 성도가 모였다. 나의 꿈을 이루기 위하여 학교와 병원을 세우려고 혼신의 힘을 다하였으나 나의 힘으로 할 수가 없었다.

마음에 부담을 느끼면서 세계선교를 위하여 헌신하게 되었고 그후 교회가 부흥되어 개척 2년 만에 땅을 사고 2층 예배당을 세울 수가 있었고 해외에 교회를 개척하기 시작하였다. 인도네시아에 선교사님을 통하여 교회를 건축 하였고 그 후에 필리핀에 교회를 개척하고 태국에 사랑의 마을(한센인)을 설립할 때 건축할 수 있도록 대지를 구입하여 주었다.

인도도마선교센터 30년 역사 이야기
인도 고아들의 아버지, 김정구 선교사

그 후 1991년도에 생소한 힌두인의 나라 3억 3천만 개의 신을 섬기는 신의 나라, 인도에 교회를 건축하기 위하여 인도 뭄바이로 가게 되었다. 말만 듣던 인도 뭄바이 공항에 도착하니 공항이 온갖 쓰레기로 악취가 나며 거지들의 소굴로 한국의 6.25 전쟁시절과 같았고 눈을 뜨고 볼 수 없는 처참한 광경에 큰 충격을 받았다. 뭄바이 슬럼가로 갔다. 슬럼가 입구에 갔을 때 길거리에 악취가 나고 온 거리에 사람들이 똥을 눠서 똥을 밟지 않고는 길을 걸을 수가 없었다. 사람들이 살고 있는 집은 집이라기 보다는 돼지우리였으며 몇 평 집에는 많은 식구들이 한 방에 살고 있는데 그들의 삶은 짐승 이하의 삶을 살아가고 있었다.

도로가에는 걸인들이 줄지어 살면서 생활하였다. 어린아이들은 학교도 다닐 수 없었고 먹지 못하여 쓰레기통을 뒤지고 거기에 있는 음식물은 상하여 대부분 먹을 수 없는 것이었으나 그러한 것을 주워 먹는 불쌍한 아이들이었다. 그 어린아이들을 가슴에 안고 하나님께 기도하였다. 하나님 이들이 왜 이렇게 살아야 됩니까?

예수님께서 제자들과 함께 길 가실 때 날 때부터 맹인 된 사람을 보고 제자들이 예수님께 다음과 같은 질문을 하였다.

"예수님 이 사람이 맹인 된 것이 이 사람의 죄입니까? 부모의 죄입니까?"

우리도 가끔 이런 질문을 할 때가 많이 있다. 그때 예수님께서 무엇이라고 대답하셨는가?

"이 사람이 맹인 된 것이 이 사람이나 부모의 죄로 인함이 아니라

이 사람을 통하여 하나님의 하시는 일을 나타내려 하심이라."라고 말씀하셨다.

어린아이를 품에 안고 이런 기도를 눈물로 기도할 때 주께서 이 말씀을 나에게 주셨다.

"너를 통하여 나의 하는 일을 나타내려 함이니라."

어릴 때 먹지 못하고 배우지 못하였으나 앞으로 나보다 불행한 사람들을 위하여 학교를 세우고 병원을 세우고 고아원을 세우겠다는 꿈을 한시라도 잊은 적이 없었다. 한국에서 아무리 노력하고 기도해도 그 꿈이 성취되지 못했는데 인도를 향한 하나님의 역사가 있음을 깨닫게 되었다. 그러나 인도에 간다는 것은 그리 쉽고 간단한 문제가 아니었다.

CHAPTER 03

교회 화재와 교통 사고를 통해
나를 깨우치는 하나님의 경고

인도에 교회를 건축하고 학교를 세우고 고아원을 세우고 병원을 세우겠다는 다짐을 하면서 한국에 왔지만, 가족을 생각하고 교회를 생각한다면 도저히 갈 수가 없었다.

나는 그때 인간적인 생각을 하였다. 교회를 개척한 지 17년이었고 교회도 안정되게 부흥되었고 자녀 교육문제도 있었다. 앞으로 4년만 더 있으면 원로목사가 될 수 있고 그러면 안정된 가운데 선교할 수 있다는 생각이 들어 인도에 갈 것을 미루게 되었다. 시간이 지나면서 인도에 대하여 품었던 꿈과 생각은 점차적으로 내 기억속에서 사라지게 되었다.

그러던 중 노회에서 미 8군 사령부로부터 2박 3일 초청을 받아 가게 되었다. 마지막 날 급한 연락이 왔다. 교회에 화재가 나서 어려움이 있다는 소식이었다. 급히 교회로 와서 보니 2층 예배당이 완전히 타버렸고 교인들이 많이 와서 청소를 하고 있었다. 암담한 현실 앞에서 그냥 주저앉아 버리고 말았다. 당회가 모이고 제직회를 소집하여 예배당 복구를 위하여 의논하게 되었다. 의논 결과 발전지역으로 교회를 이전하기로 했다. 대지를 구입하고 신축교회 설계를 마친 후 건축허가를 받고 새 예배당을 건축하기 위하여 준비하였다. 바쁜 와중에 내가 보았고 꿈을 꾸었던 인도는 더욱이 까맣게 잊어버렸다. 하나님은 계속 나를 인도선교로 부르고 있었다. 그러나 여전히 나는 인도의 영혼을 사랑하시는 하나님의 음성을 깨닫지 못하고 있었다. 이번에는 더욱 큰 시련이 다가오고 있었다.

큰딸이 결혼하여 첫 번째 아이를 출산하기 위하여 친정 우리 집으로 오게 되었다. 한 달 만 있으면 해산하게 되는데 큰애가 답답하다고 경주에 바람이라도 쐬러 가자고 하여 승용차를 운전하여 경주에 갔다. 막내딸은 학교에 갔기에 네 식구가 함께 경주 나들이를 간 것이다.

교통사고 가운데서도 긍휼을 베푸신 하나님

그 때가 1994년 1월이었다. 내가 운전을 하고 경주 쪽으로 가는데, 앞에서 큰 트럭이 내 차 옆을 지나가는 순간 뒤에서 승용차가 과속으로 달려오다가 트럭을 들이받고 승용차가 공중으로 날아서 나의 차 앞으로 오는데 피할 수가 없었다. 트럭에 부딪친 승용차는 내

차 운전석 위로 떨어지면서 내 차는 박살이 나고 말았다. 나는 정신을 잃어버려서 그 상황에서 헤어날 수가 없었다. 집사람과 아들도 혼절하였을 뿐만 아니라 만삭이 된 큰딸도 기절하고 말았다.

그 때 트럭 한 대가 마침 지나가다가 보고 달려와서 차 문을 부수고 우리 식구를 자기 차에 태워 울산 바울로 병원에 입원을 시켜 주고 갔다. 그분이 아니었다면 내가 교통사고로 많이 다쳤기 때문에 아마 살아 남을 수 없었을 것이다. 그분은 우리 가족이 사고로 혼절해 있을 때 병원에 입원시키고 갔는데 그 고마운 분이 누구인지 아직까지 알 수가 없고 고맙다는 인사도 변변히 못하여 송구할 뿐이다. 아마도 하나님이 보내신 천사였다고 믿는다. 나는 그 교통사고로 얼굴만 300 바늘을 꿰맸고 큰딸은 생사의 갈림길에서 그 병원에서 어떻게 할 수 없다고 하였다. 부산 문화병원으로 이송하여 제왕절개 수술로 딸 아이를 낳게 되었다.

손녀 딸의 이름을 주애로 짓고 사위가 미국에서 목회를 하고 있었기 때문에 미국으로 갔다. 손녀 딸은 큰 사고를 당한 가운데 태어났지만 훌륭하게 잘 자라서 UCLA 명문대학에서 장학생으로 2016년 6월 10일 졸업하였고 앞으로 의사가 되기 위하여 준비 중에 있다. 사망의 음침한 골짜기에서 하나님은 은총의 날개를 펴서 우리를 지켜 주셨다,

기가 막힐 웅덩이와 수렁에서 다시한번 인도 선교에 대한 사명을 생각나도록 해주셨다. 그때 교통사고를 통하여 차를 폐차시켰고 우리의 사고 소식이 뉴스에 크게 보도가 되었다. 사고를 당한 사람들이 거의 죽게 되었다는 기사를 보고 많은 분들이 걱정을 해 주셨다.

얼마 후 사고를 당한 가족들은 다 퇴원했지만 나는 워낙 중상이라 퇴원을 못하고 수 개월간 병원에 입원하여 치료를 받았다.

그러는 가운데 나의 마음속에 인도에 가야 한다는 생각을 하게 되었다. 나의 모습이 마치 요나가 니느웨로 가라는 하나님의 명령을 불순종하고 다시스로 가다가 풍랑을 만난 후 회개하고 다시 니느웨로 갔던 것처럼, 인도에 가야 한다는 생각을 확고히 하게 되었다.

마음에 결심을 한 후에 의사 및 주변 사람들의 반대에도 불구하고 모든 것을 내려놓고 홀로 인도로 가게 되었다. 먼저 정들었던 교회에 사직서를 내었다. 수십 년 동안 눈물과 땀으로 일군 주님의 교회를 사직한다는 것이 참으로 쉽지만은 않았다.

내 나이 53세, 목회의 황금기를 누리면서 편하게 목회할 수 있는 상황에서 하나님은 고난을 통하여 새로운 인도 선교에 대한 꿈을 붙잡게 하셨다. 아들은 대학생이고 막내딸이 고등학교를 다니고 있었으며, 아내도 반대하는 선교의 외로운 그 길을 가도록 하나님은 나를 인도하셨다. 나이가 많아서 교단 선교사로서도 인준을 받지 못하고 파송 단체도 없이 오직 하나님만을 바라보고, 사명의 길을 가도록 하나님은 나를 이끄셨다.

인도도마선교센터 30년 역사 이야기
인도 고아들의 아버지, 김정구 선교사

CHAPTER 04

요나처럼 떠밀려 간 인도선교
(1994년 4월)

꿈꾸던 인도, 누구도 반겨 주거나 도움을 받을 수 없는 척박한 땅, 인도! 온 도시에 쓰레기가 쌓여있고 들개들이 줄을 지어 다니고, 소들이 주인행세를 하며 도로를 누비며 다니고 있었다. 거지들이 떼를 지어 구걸하러 다니고 있었다. 많은 사람들이 가난에 삶이 찌들고 병들어 길가에 쓰러져 있었다. 수많은 사람들이 뒤엉켜 살고 있었으며 한 마디로, 소 천국, 개 천국, 거지 천국이 이곳이 아닌가 하는 생각이 들었다. 이런 곳에서 사역을 시작한다는 것이 과연 가능한가라는 의구심이 들었다.

지금 돌이켜 보면, 나 자신이 얼마나 무모한 결단을 하고 인도선교에 임하였는지 깨닫게 된다. 하나님의 은혜가 아니었으면 도저히 견디기 힘든 시간이었다. 내가 갈 때만 해도 한국 선교사가 얼마 안 되었고 마음대로 선교할 수도 없었으며 선교사 목사 칭호도 마음대로 사용할 수 없었다. 선교사로 신분이 알려지면 즉시 추방을 당하곤 하였다.

우선 뱅갈루루 시내에 집을 새로 얻고 사역을 시작하면서 나는 도시보다 어려운 환경 속에서 살아가는 시골로 가야겠다는 생각을 하였다. 부동산을 하는 인도 사람을 만나 시골에 조그마한 땅을 소개해 달라고 부탁을 하였다. 인도에서 처음 만난 존슨 목사와 함께 차가 없어서 걸어서 혹은 오토바이와 오토릭샤를 타고(서민들이 사용하는 삼륜차) 하루에 수 십리 길을 혹은 수 백리 길 시골마을을 헤메며 다녔다.

그러던 중 부동산 업자가 땅이 있다고 소개를 하여 함께 길도 없고 차도 잘 다니지 않는 곳으로 간 곳이 처음 선교센터가 세워진 꼬디갈리라는 작은 마을인데 내가 왜 그곳까지 가게 되었는지 지금도 생각이 잘 나지 않는다.

사람이 살 수 없는 불모지에 터를 닦았다

그런데 그곳에 가보니 하나님께서 허락하신 곳이라고 믿어지게 되어, 생각도 깊이 해보지 않고 가지고 갔던 전 재산 6백 만원을 주고 그 땅을 사게 되었다. 그런데 그 땅을 살 때 하나님께서 나의 눈을 멀게 하셔서 무턱대고 사게 되었다. 그 땅은 외국인이 땅을 살 수가 없는 절대 농지였기에 인도 목사 세 분을 믿고, 세 분 이름으로 그 땅을 사게 되었는데 그중의 한 분인 존슨 목사는 지금까지 나와 함께 사역을 하고 있다. 잔금을 모두 지불하고 등기 이전을 받고 그 땅을 보러 갔더니 사람이 살아갈 수가 없는 지역이었다.

사람이 살려면 4가지 조건이 맞아야 되는데 하나도 맞지 않는 곳이었다.

첫째 시내에 나가는 것이 쉽지 않았다. 한 번 뱅갈루루 시내를 가려면 너무나 어렵고 힘든 곳이었다.

둘째는 전기 시설도 없었다.

셋째는 전화가 없었다.,

넷째는 물이 없는 지역이었다.

구입한 땅 전체가 닐기리스나무 숲으로 정글 지역이며 낮에는 늑대가 다니고 밤에는 늑대 울음소리로 밤을 설칠 때가 많았다. 산토끼 그리고 독수리들이 활개치며 다니는 곳이었고 하늘이 노랗고 그 지역에는 교회도 없고 힌두인들만 살고 있었다. 그때 나보다 먼저 인도에 온 선교사들이 그곳에 가면 안된다고 하였으나 그 말을 듣지 않고 온 것이 후회가 되었다. 하나님께서 보내신 곳이었고 꿈을 가지고 왔기 때문에 그 꿈을 포기할 수가 없어 그곳에서 사역을 시작하게 되었다.

CHAPTER 05

꼬디갈리에서
사역을 시작하다

　돈도 없고 파송하여 준 곳도 없으니 앞으로 어떻게 살아가야 할지 앞길이 캄캄하였다. 주님만 의지하여 땅을 구입했지만 건축할 돈이 없어 코코넛(야자수) 잎으로 집을 짓고 의지할 곳이 없는 고아 12명을 입양하여 함께 살면서 어설프게 고아원 사역을 시작하였다. 집사람도 없고 살아간다는 것이 너무나 힘들었지만 어린아이들과 함께 지내면서 위로를 받고 살았다. 밤에는 혼자서 너무 외롭고 고적하여 나무에 앉아서 '해는 져서 어두운데 찾아오는 사람 없어' 이 노래를 하염없이 부르면서 그리움에 지쳐서 눈물을 흘리곤 하였다.

　물은 트랙터로 파는 곳이 있어서 한 트랙터에 그때 돈으로 만 원 정도로 엄청나게 비싼 비용을 지불하고 사서 사용하였는데 인근 마을에도 물이 없어 물을 사오면 동민들이 와서 다 가지고 가니 물 값

1994년 인도 꼬디갈리 지역에 처음 세워진 '사랑의 집' 고아원

'사랑의 집' 고아원에 처음으로 입양된 아이들

을 감당할 수가 없었다. 지하수를 개발해야겠다고 결정을 하고 시도
를 하였다. 그 지역은 물이 안 나오는 지역으로 동민들이 지하수를
개발하려고 시도하였으나 돈만 버리는 상황이었다. 다른 방법이 없
어 물길을 찾는 사람에게 부탁하였더니 기계를 가지고 와서 찾았는

사랑의 집 원생들과 조원조 사모

데 한 곳에 물이 있다고 하여 시도를 하였으나 물이 나오지 않아 아
까운 돈만 버리고 말았다.

폭포수와 같은 생수를 얻다

그러던 중 2년 만에 집사람이 마음을 바꾸고 인도로 오게 되었
다. 돈이 생기는 대로 공사를 시작하게 되었다. 지하수 개발을 다시
하기 위하여 수소문을 하던 중에 지하수를 개발하는 신앙이 좋으
분이 있다는 소식을 들었다. 그분은 기도로 물길을 찾는다고 하여
그분에게 맡겼더니 함께 기도하자고 하여 고아원 아이들과 함께 물
을 달라고 간절히 기도하였다. 그분은 성경을 읽으면서 온 마당을
다니며 기도하더니 정문 쪽에 물이 있다고 하여 믿음으로 시추를

1995년 도마선교센터 법인 설립과 동역자들

한 결과 이틀 만에 물줄기가 터지고 생수가 폭포수와 같이 쏟아지게 되었다.

할렐루야! 하나님께 영광과 존귀를 올려 드린다. 생수의 근원 되시는 주님께서 생수가 터질 수 있도록 역사하신 것이다. 지하수가 터지고 물이 솟아나자 동민들이 물동이를 가지고 와서 물을 받아 가지고 갔다. 그때 지하수 덕분에 동민들과 소통하게 되었고 친해질 수 있는 기회가 되었다. 그러나 안타깝게도 힌두 원리주의자들이 나를 추방하기 위하여 경찰서에 고발하게 되고 핍박과 환난의 바람이 불기 시작하였다. 경찰들이 나를 체포하기 위하여 왔고 나는 한 발도 물러서지 않고 고아원 아이들과 함께 투쟁하였다. 하나님의 은혜로 동리 유지들이 도와주셔서 추방되지 않고 사역을 계속할 수 있었다.

환란과 시험을 이기게 하는 사랑과 은혜들

그때 울산 미포교회 시무하셨던 정재기 목사님(소천하셨음)께서 자주 오셨는데 차가 없는 것을 보시고 2백만원을 주고 가서서 20년 된 앰바쇼다라는 인도 전통차를 2백만원 주고 사게 되었는데 그때 기분은 지금까지 잊을 수가 없다. 차가 너무 노후하여 가다가 고장 나면 몇 시간 수리하여 고쳐 다니곤 하였지만 참으로 행복하였다.

하루는 뱅갈루루 시내에 갔다가 목회자 6명과 함께 오는데 경찰서 앞에서 경찰이 내 차를 세우더니 "김정구냐?"고 물어 그렇다고 하니까 경찰서에 데리고 가더니 누군가 나를 고발했는데 고발장을 보여 주면서 나에게 사인을 하라고 하였다. 고발된 내용이 사실이 아니니 사인 할 수가 없다고 하였다. 그때 도마신학교는 고아원 출신들로서 고아원을 하다 보니 모두가 아버지라고 부르게 되었는데 그러다 보니 주민들도 나를 아버지라고 부르며 존경하였다. 경찰서에 구류되어 있을 때, 고아원 출신의 목회자들이 경찰서로 몰려와서 우리 아버지를 왜 이유도 없이 구류하였느냐 항의를 하고, 담당 변호사가 와서 고소장에 대하여 설명하고 변호하여 줌으로 집으로 돌아올 수가 있었다.

나는 그 충격으로 쓰러졌고 몸에 이상이 생겨 40도 이상 열이 올라 일주일 동안 꼼짝도 할 수가 없었다. 그때 위쪽 이빨이 모두 빠져 버려 엄청난 고생을 하였다. 감사하게도 마산 신광교회 선교팀이 건축 헌당 예배 차 의료진과 함께 인도에 왔었다. 치과 병원 원장이신

현재 고아원 아이들과 김정구 선교사와 존슨 목사 내외

강진호 장로님께서 한국 나오면 병원에 꼭 오라고 하였다. 한국에 후에 방문했을 때 그 병원을 찾아 갔더니 원장님께서 틀니를 무료로 해주셔서 음식 먹는데 큰 도움이 되었다.

틀니를 한 후 2년이 지났을 때 부산 복음병원 고신대 의대생들이 무의촌 진료 차 42명이 왔다. 그때 복음병원 치과 담당 이성근 집사님도 함께 오셨다. 그 후 집사님께서 복음병원을 나와서 일산에 치과를 개원하였는데 임플란트 전문치과로서 나에게 틀니가 많이 불편하니 한번 오라고 하여 갔더니 이 전체를 임플란트로 무료로 해주셔서 지금까지 아무 탈 없이 잘 사용하고 있다. 하나님의 은혜로 큰 사랑을 받게 되었다.

CHAPTER 06

멈추지 않는 핍박과
쉼없는 아이들의 기도소리

도마센터가 있는 꼬디갈리 동리는 140가정이 살고 있는 적은 마을이다. 그 동리에 무니아빠라는 힌두 리더가 있었는데 조폭으로서 내가 사역하는데 큰 걸림돌이 되었고 얼마나 괴롭히는지 정말 참기가 힘든 상태였다. 매일 수명씩 깡패들을 데리고 와서 행패를 부리고 경찰서에 고발을 하였다. 신고를 받은 경찰서에서는 경찰을 파견하곤 하였다. 하루는 뱅갈루루 시내에 갔다 오는 길에 바글루에 도착하니 주민들이 나에게 집에 큰 문제가 생겼으니 안 가는게 좋겠다고 하였다. 왜 그러느냐고 물어보니 지금 무니아빠가 깡패들을 데리고 와서 공사현장에서 공사를 못하도록 일하는 사람들을 때려 다리가 부러지고 건물을 부수고 야단이 났으니 지금가면 무슨 봉변을 당할지 모르니 피하라는 것이었다.

그러나 피한다고 되는 것이 아니니 센터로 가겠다고하고 가보니 일하는 사람, 몇 사람이 매를 맞고 피를 흘리며 쓰러져 있었다. 건물은 무너져 난장판이 되었고 공사는 중단하고 말았다. 포기하고 싶은 상황이었지만, 나의 일이 아니고 하나님의 나라 확장을 위한 사명이었기에 사명의 끈을 놓치 않고 힘든 상황을 수습하였다.

인도는 공립학교 시설이 매우 열악하고 건물들이 노후되고 책, 걸상이 없어 학생들이 바닥에 앉아서 공부를 하였다. 주민들이 찾아와서 좀 도와 달라고 부탁을 하여 내가 힘들어도 학교 교실을 건축하였고 책상, 걸상, 텔레비전, 컴퓨터, 어린이 놀이터 시설을 설립하여 주었다. 어려운 가운데서도 포기하지 않고 주민들을 위한 사역을 계속하였기에 그 공로가 인정되어 외국사람 처음으로 선거권을 받아 모든 선거에 참여할 수 있었다.

하루는 군수, 군의원 선거를 위하여 투표장으로 갔는데, 마침 중앙방송국에서 선거 취재차 왔다가 나를 보더니 외국사람 같은데 어떻게 선거를 하느냐고 질문하였다. 선거 참모자들이 내가 어떻게 선거권을 갖게 되었는지 설명해 주었다. 그것이 계기가 되어 중앙방송에 출연한 적이 있었다.

그 후 깡패들의 방해로 공사가 중단되어 공사가 다시 할 수가 없게 되었다는 사실을 주민들이 해당 군에 찾아가서 사실을 알리자 쉬노시라는 군수 정도 되는 분이 무니아빠를 찾아가서 야단을 치고 한번 더 그런 못된 짓을 하면 그냥 두지 않을 것이라고 경고를 하였다. 이러한 경고를 받은 후에 무니아빠는 다시는 방해하지 않겠다는 약속을 하였고, 군수가 직접 나에게 와서 아무 염려하지 말고 공사를 계속하라고 격려하였다.

그때 무니아빠가 다시 와서 고래고래 고함을 지르면서 욕설을 퍼붓는데 감당할 수가 없었다. 이때 군수께서 무니아빠에게 앉으라고 하더니 크게 호통을 치며 책망을 하였다. "지금 이 시대는 글로벌 시대며 국적이 달라도 모두가 한 가족이고 종교가 다르다고 다른 종교를 미워하고 싸워서도 안된다. 얼굴이 붉은 사람이나 흰 사람이나 그 얼굴이 황색이라도 그 사람에게서 피를 빼면 똑같이 붉은 피가 난다. 이것이 곧 사람은 똑같다는 증거인데 이렇게 나쁜 짓을 하면 되느냐?"고 질책을 하자 함께 왔던 깡패들이 모두 뿔뿔이 흩어져 각자의 길로 돌아갔다.

쉬노시는 염려하지 말고 공사를 시작하라고 하면서 갔는데 지금도 그때 일을 기억하면 그 분이 존경스럽고 큰 도움을 준 그분께 감사를 드린다. 이 모든 일이 하나님의 은혜며 축복이었다. 그 후도 무니아빠는 계속 우리를 괴롭혀왔고 우리 고아원 아이들과 신학생들이 새벽 기도회 때마다 무니아빠를 위해 울면서 기도하였다.

우리 고아원 아이들은 기도하기를 쉬지 아니하였다. 우리 고아원의 특징은 기도훈련을 강하게 시켰다는 것이다. 새벽에 특별한 날을 정해 정글지대에 2명씩 짝을 지어 보내어 크게 소리내어 통성기도를 2시간 이상 기도하도록 훈련하기도 하였다. 얼마나 아이들이 크게 간절하게 기도하였던지 마을까지 기도소리가 들려서 동네 사람들이 몰려와서 불평을 토로하기도 하였다. 큰 소리로 기도하기에 익숙해진 고아원 아이들은 새벽마다 대성통곡 하면서 기도하였다. 그들은 기도하기를, "하나님 아버지, 우리 아버지를 보호해 주세요. 무니 아

ST. THOMAS MISSION CENTER

빠 때문에 사역을 할 수가 없습니다. 너무나 힘이듭니다. 우리 아버지를 보호해 주세요. 저 악한 마귀 무니 아빠가 이 세상에 살아갈 수 없게 그 영혼을 거두어 주세요"라고 기도하였다. 그 기도를 들을 때마다 나는 마음이 아팠고 무니 아빠가 회개하고 변화되어 하나님의 사람이 될 수 있도록 주께서 역사해 주시기를 간절히 기도하였다.

"무니 아빠가 죽게 해 주세요"라고 하는 고아원 아이들의 기도를 한국에 와서 집회 때 간증하며 잠깐 소개하였는데 그것이 와전되어 "김정구 목사가 살인교사를 하였다"고 하여 아주 크게 혼이 난 적이 있다.

핍박자 무니아빠의 죽음

내가 한국에 다니러 왔을 때 한국으로 전화가 왔는데 무니 아빠가 동리 청년들에게 죽임을 당하였다는 것이었다. 무니 아빠는 자기 부인을 죽이고 두 번째 부인도 때려서 죽이고, 세 번째 부인도 말을 듣지 않는다고 부인에게 석유를 뿌리고 불을 질러 화상을 입혀 겨우 살아났으나 화상 자국이 너무 커서 두 눈으로 볼 수가 없을 정도로 흉한 모습으로 불행하게 살고 있었다.

동리 사람들을 못살게 하고 밤에 자기에게 바른말 하면 찾아가서 불을 지르고 때리고 몇 사람을 불구자로 만들었다. 동민들이 무니 아빠를 사람으로 취급하지 않았다. 너무 그의 횡포가 심하니까 동리 청년들이 그대로 두다가 더 큰 문제가 일어나기 전에 죽이기로 결정하였다. 청년들이 뭉쳐서 큰 칼과 휘발유를 준비하여 무니 아빠를 밖으로 불러내어 칼로 목을 치고 휘발유를 뿌리고 불을 질렀다. 무니 아빠는 그 자리에서 비참하게 젊은 나이에 죽임을 당하였다. 죽인 청년들은 다 도망하고 온 동리가 아수라장이 되었다. 경찰서에서 우리 센터에 수사본부를 정하고 몇 주 동안 진을 치고 검거 작전에 들어가 범인들을 모두 잡아 구금하였다는 소식을 듣고 너무 큰 충격에 빠졌다. 한국의 일정을 마치고 인도로 와보니 동리가 어수선하였고 '만약 그때 내가 인도에 있었다면 어떠한 상황이 벌어졌을까?' 생각을 하니 온몸에 소름이 끼쳤다.

내가 왔다는 소식을 들은 구속 되어 있는 청년들의 부모님들이 찾아와서 자식들이 풀려날 수 있도록 선처를 베풀어 달라고 간곡히 눈물을 흘리며 호소하였다. 나는 그때 인정과 존경을 받고 있었고 관공서와 경찰서에 아는 분들이 매우 많았기 때문에 저에게 와서 선처를 청탁해 달라고 호소를 하는 것이었다. 나는 입장이 난처했지만 사람이 아무리 나쁜 짓을 하여도 사람을 죽이는 것은 도와 줄 수가 없다고 거절하였다. 부모님들이 나에게 무니 아빠를 죽인 것은 아버지를(나를 아버지라고 부름) 너무 괴롭히기 때문에 아버지를 위함도 되는데 섭섭하다고 하면서 돌아가는 모습을 바라보면서 얼마나 마음이 아팠는지 헤아릴 수가 없었다. 그 후 나도 모르게 부탁을 하고 검찰청에서 자비를 베풀어 사건 6개월 만에 다 풀려날 수가 있었고 그 후 마을도 안정되고 공사를 계속할 수가 있었다.

CHAPTER 07

가장 어렵고 힘들 때 찾아 온
마산 최재욱 집사의 헌금

　인도에 간지 3년이 되던 해가 내게는 개인적으로 너무나 힘들고 어려운 시기였다. 총회선교사로 파송을 받지 못하고 누가 도와주는 곳이나 교회가 없는 가운데 홀로 단신으로 인도에 와서 사역을 시작하였기 때문에 매일 매일이 참으로 힘들고 어려웠다.

　고아원 아이들을 양육 해야 되고 공사를 시작해야 되고 할 일이 참으로 많았다. 그러한 가운데 차가 없어 신학교 운영이나 목회자 세미나에 참여하려면 걸어가야 했다. 대중교통이 없었기 때문에 뱅갈로 시내에서 꼬디갈리까지는 걸어서 3시간 정도 걸렸다. 차가 없으니 애로사항이 참으로 많았다. 인도에 온 것을 후회도 많이 하였고 모든 것을 포기하고 한국으로 가고픈 심정도 있었다. 밤이 되면 외로움 때문에 힘이 들었고, 낮이 되면 고아원 원생들 먹이는 문제,

공사문제, 신학교 문제 등으로 참으로 힘들고 어려웠다.

그때 당시는 비자가 까다로왔다. 3개월 비자이기 때문에 3개월에 한번씩 비자를 받기 위하여 한국에 나가야 되고 이러한 가운데 사역을 더 이상 지탱한다는 것이 사람의 생각으로는 불가능한 일이었다. 그런 힘든 상황속에서 부산 연산동교회 김근배 목사님께서 (지금은 은퇴하시고 원로목사님이 되심) 교회를 세우기 위해 인도에 오셔서 선교에 큰 관심을 보여 주셔서 큰 위로가 되었다. 울산 미포교회(고 정재기 목사님)도 교회를 건축하기 위하여 인도를 방문하셨는데, 김근배 목사님과 함께 오셨다. 두 분이 함께 오셔서 인도 선교의 어려운 형편을 직접 보시고, 여러 가지 면에서 협조를 많이 해 주셨다.

특히 김근배 목사님께서는 한국 나오면 교회를 한번 방문해 달라는 부탁이 계셔서 그 후 비자문제로 한국에 나올 때 연산동교회를 방문하였다. 그때 마산에 계시는 최재욱 집사님을 김근배 목사님께서 소개시켜 주셨다. 최재욱 집사님은 그때 당시 볼트 공장 부장으로 일하고 계셨는데 바쁜 중에도 신앙생활을 열심히 하셨다. 새벽기도는 꼭 참석하시고 저녁에는 철야기도도 하시고 때때로 금식기도도 하셨다. 보통 2시간 이상 기도하시는 분인데 너무 겸손하시고 참 좋으신 집사님이셨다.

최재욱 집사님께서 철야기도 하시는 중에 하나님께서 영감을 주셨는데 인도 도마선교센터 김정구 목사가 어려운 가운데 있는데 만나 보라는 말씀이 계셔서 나를 만나기를 원하였다. 이윤옥집사(현재 창조교회 담임 목사)와 함께 교회에서 만남을 가졌다. 그때 최재욱 집사님께서 나의 손을 잡고 눈물을 흘리며, "내가 어떻게 도와야 되겠습니까?" 하는 뜻밖의 말씀에 참으로 감격하였다.

부모님의 유산을 헌금한 최 집사님의 축복의 씨앗

도마선교센터의 사정을 말씀드리고, 우리 고아원 아이들이 먹을 것이 필요하나 지금 가장 시급하게 필요한 것은 차가 없어서 가장 어렵다는 말씀을 드렸다. 집사님께서는 사정을 들으시고 어떻게 도와야 될 지 모르겠으나 방법을 찾아보겠다고 말씀하셨다. 그 후 만나자는 연락이 와서 마산에 갔는데, 본인은 가진 것이라고는 부모님이 물려주신 땅이 있는데 부모님께서 앞으로 사업을 하게 되면 그때 사용하라고 하셨다는 것이다. 앞으로의 사업은 하나님께 맡기고 어머님께 말씀드려 그 땅을 팔아서 그 비용을 도마선교센터의 선교비로 주겠다고 하였다.

그 땅값이 천팔백만원이었다. 그 당시 그 돈은 굉장히 큰돈이었다. 최재욱 집사님은 약속대로 그 땅을 팔아 천팔백만원을 도마선교센터의 선교비로 헌금하셨다. 참으로 감동스럽고 은혜가 되는 순간이었다. 그 후 최재욱집사님께서는 '세계볼트' 라는 회사를 설립하여 선교지를 많이 돕고 후원해 주셨다.

나는 최재욱 집사님이 헌금하신 천팔백만원의 선교비로 12인승 미니버스 새차를 구입하였다. 그 차가 있었기에 효과적으로 사역을 할 수 있었다. 오전 오후에 뱅갈로 시내를 왕복하면서 동네 사람들에게 교통편을 제공하여 동네 사람들의 편리를 봐 주었다. 신학생들이나 손님들이 오면 아주 편하게 그들을 운송하고 안내할 수 있었다. 하나님은 참으로 세밀하신 분이시다. 내가 너무 힘들어 하고 어려울 때, 도저히 감당할 수가 없어서 모든 것을 포기하려고 하였을 때 하나님께서는 최재욱 집사님을 통하여 역사하여 주셨다.

그 후 도마선교센터는 계속하여 성장하기 시작하였다. 우리들이 12인승 버스로 동네 사람들에게 교통편을 제공하자 군에서도 고맙게 생각하며 더욱 더 관계가 좋아졌다. 꼬디갈리는 시골 벽촌이지만 상당히 많은 사람들이 살고 있는 동네였다. 동네 주민들은 나에게 지극정성으로 대했고 나 또한 동민들을 위하여 최대한 협조하였다. 동네 주님들은 나를 아버지와 같다며 더욱 더 좋아하였으며, "아버지", "아버지" 하며 나를 따랐다.

동민들과 우리 고아원이 함께 대바날리 군에 버스를 운행하여 달라는 청원을 하였다. 그 청원이 받아들여져서 꼬디갈리 동네가 세워진 후 처음으로 뱅갈로에서 꼬디갈리까지 시내버스가 다니게 되었다. 시내버스가 개통되는 날 동네 주민들이 주선하여 모인 가운데 아주 크게 축제를 열어 버스개통식을 축하하였다.

버스가 개통된 후 우리 고아원에서 뱅갈로 시내까지 가는 것이 훨씬 수월하게 되었다. 하나님께서 우리 도마선교센터를 통하여 이러한 역사들을 이루어 주심에 참으로 감사를 드린다.

CHAPTER 08

힌두 탬플의 힌두신상을
부수는 사건과 도움의 손길

2005년 3월 고아원 아이들이 2백년 된 힌두 탬플을 파기하는 사건이 있었다. 도마선교센터는 새벽 4시 30분에 새벽기도를 시작 6시에 마치는데 통성 기도 시간에는 얼마나 큰 소리로 기도를 하는지 이웃 주민들이 새벽에 잠을 잘 수가 없다고 항의하는 일이 많았지만 계속하였고 아이들이 큰 은혜를 받고 그중 일부는 목사가 되어 열심히 목회를 하는 것을 볼 때 아픔도 설움도 잊어버리고 보람으로 살아가고 있다.

나는 새벽기도를 마치면 조깅하는 코스가 있는데 센터에서 30분 정도 걸어가면 정글지대라 가끔 늑대도 만나고 산토끼, 코부라를 볼 때가 많았다. 그곳에 100년이 넘은 보리수나무가 있고 그 밑에 200년 된 낡고 허물어져가는 힌두사원이 있는데 그 사원은 개미를 신으

인도도마선교센터 30년 역사 이야기
인도 고아들의 아버지, 김정구 선교사

로 섬기는 신전이었다. 새벽마다 사람들이 찾아와서 닭을 잡고 양을 잡아 제사를 하고 개미집에 두 손으로 합장을 하고 개미집에 먹을 것을 주고 갔다. 그 장소는 사람들과 만나는 장소였고 또한 대화를 나누는 곳이었다. 내게는 매일 빠지지 않고 찾아가는 유익한 조깅 코스였다.

그런데 어느 날, 새벽기도를 마친 후 좀 어두운 시간에 6살에 우리 고아원에 입양되어 10년간 자라 16세가 된 아이들이 있었다. 도마선교센터는 새벽기도 후는 위험하니까 밖으로 못나가게 하였다. 하지만 대버다스와 제임스가 몰래 밖으로 나가 200년 된 힌두사원에 들어가서 허물어져가는 신상을 겁 없이 박살을 낸 것이다.

길을 지나가던 사람이 그 광경을 보고 사람들에게 알리게 되었다. 그 후 약 1,000명이 넘는 힌두인들이 도마센터에 몰려와서 진을 치고 건물을 부수겠다고 하면서 난동을 부리기 시작했다. 힌두신을 부수면 죽음을 면치 못하는데 그때 신문기자와 텔레비전 방송국에서 오고 경찰이 동원되었다. 연일 신문과 방송에 사건이 보도되고 도마선교센터가 최고의 위기에 처하게 되었다. 일이 잘못되면 도마센터의 문을 닫아야 하고 나는 주범자로 몰려 처벌을 받을 수도 있었다.

이 소식을 접한 면장, 경찰서장, 유지분들이 오셔서 성난 군중들을 설득하기 시작했다.

"아버지는 우리를 위하여 지금까지 희생하였고 많은 것을 해준 분인데 인도 사람들도 못하는 일들을 해 주셨다. 그러니 분한 마음은 알지만 어린아이들이 한 짓이니 용서하고 다 돌아가 달라"고 간곡하게 설득을 했다. 성난 군중들이 모두 일어나서 다 돌아가고 수습이 되었다.

할렐루야! 기가 막힐 웅덩이와 수렁에서 우리를 건지시는 주님께 모든 영광과 존귀를 올려 드린다.

도마선교센터는 주변 분들의 도움으로 안전할 수 있었으나, 대버 다스와 제임스는 현행범으로 경찰서에 가서 조사를 받게 되었다. 잘 못되면 구속도 될 수 있고, 나 또한 어려움을 당할 수도 있는 상황이 었다. 하지만 하나님께서 두 아이에게 지혜를 주셔서 잘 대답하게 하셨다. 경찰서에서 "왜 힌두사원에 들어가서 힌두신을 부셨느냐" 고 경찰관이 질문하였다. 두 아이는 대답하기를, "힌두사원 옆을 지 나가는데 벌떼들이 달려와서 벌을 피하여 사원에 들어갔다. 그 때 벌떼들이 계속 공격하여 피하려고 하다가 부딪혀서 신상이 부서진 것이지 고의적으로 한 것이 아니다"라고 해명하였다.

힌두사원 옆에 있는 100년 된 보리수에는 아주 큰 벌집이 있는데 수만 마리의 벌들이 집을 짓고 살면서 꿀을 모으는데 한 개를 따면 큰 통으로 한 통이 넘으며 그것은 석청 즉 자연 꿀로 굉장히 좋은 꿀 이었다. 그 후 두 아이들은 무사히 풀려 날 수 있었다. 하나님께서 도와주셔서 가능한 일이었다.

무니 아빠가 처참하게 죽음을 당하기 전에 생긴 일이었다. 꼬디 갈리 동리와 이웃 동리들은 참으로 가난하게 살고 있었고 집 없이 사는 사람도 많이 있었다. 우리 센터 옆에 정부 땅이 있는데 그 땅에 다가 300 세대가 살 수 있도록 정부에서 땅을 나누어주고 거기에 집 을 지어주는 행사를 하게 되었다. 1,000여 명이 모이는 큰 행사였는 데, 주민들이 그 행사의 주관을 나에게 부탁하여 서둘러 분주히 준비하였다. 점심을 함께 먹을 수 있도록 장소를 준비할 필요가 있었다. 인도에는 텐트를 빌려주고 밥을 해주고 천막을 치고 의자 책상 앰프시설까지 대여해 주는 곳이 있는데 그곳에 의뢰를 하여 준비를 하였다. 양을 두 마리 잡고 밤새도록 바쁘게 준비하는 가운데 밤 12시가 되어 무니 아빠와 청년들이 쳐들어와서 우리 센터에서 행사를 하지 못하도록 난동을 부리고 방해를 하였다.

시간도 없고 바쁜데 참으로 난감하였다. 그때 파출소에서 경찰들이 나와서 자제를 당부하였으나 행패를 더 부리므로 소장이 나를 찾아와서 사정을 하였다. 난동과 방해가 멈추지 않으면 내일 행사에 주의원 면장 군수 모든 높은 분들이 오면 큰 문제가 생기니 좀 양보하고 마을에서 행사를 하는 것이 좋을 것 같으니 죄송하지만 양보를 하여 달라고 하여 모든 준비된 것을 마을로 옮기게 되었다. 오후 2시가 행사를 하는 시간인데 귀빈들이 3시간 늦게 와서 5시에 행사를 시작할 수가 있었다. 인도에서는 몇 시간 늦는 것은 흔한 일이다.

동네에서 준비가 끝나고 모든 분들이 참석한 후 연락이 와서 고아원 원생들과 신학생 모두가 참석하자 행사가 시작되었다. 그 때 분위기가 그 불량청년들에 의하여 어수선하였고 경찰들이 많이 와서 감시를 하였다. 내빈 소개의 시간에 주의원보다 제일 먼저 나를 소개해 주었다. 그다음에 단상에 올라온 주의원이 다음과 같은 인사말을 하였다.

"한국에서 이곳에 오셔서 많은 사람을 돕고 학교 교실을 세워주고 인도를 위하여 헌신하여 주시는 고마운 분이 여기 계시다는 말을 들었다. 그분을 돕지는 못할망정, 그분을 괴롭히고 방해하는 자가 있다고 들었는데 만약에 앞으로 또다시 그런 일을 한다면 용서하지 않을 것이니 조심하라"고 말씀하셨다. 주의원의 격려의 말에 큰 위로와 힘을 얻었다. 하나님께서 세밀하게 보호하여 주심을 깨닫게 되었다.

내대신 자녀들을 책임지시는 하나님의 은혜

나는 인도에 선교사로 온 후 자녀들을 고학생으로 만든 나쁜 부모이다. 나는 어린시절 제대로 배우지를 못했고 배움에 굶주렸기 때문에 앞으로 아무리 어렵고 힘들어도 자식들 만큼은 잘 키우고 대학까지 공부를 시킨다는 생각을 가졌고 그렇게 하려고 노력하였다. 그런데 인도에 53세 중년의 나이로 오게 되어지고, 파송처도 없고 도와주는 사람도 없이 모든 것을 내려놓고 오다 보니 그때 아들이 대학교 3학년, 막내딸이 고3이었고 나는 자녀들이 대학을 졸업할 때까지 등록금을 한 번도 준 적이 없었다. 한국에 가끔 나와도 자녀들을 한 번도 만난 적이 없었다. 아들은 부산에서 조그마한 쪽방을 빌려서 아르바이트를 하면서 대학에 다녀 많은 고생을 하였다.

아들은 돈이 없어서 쪽방에 겨우 들어가서 잠을 잘 수 있었는데 추운 겨울날 난방을 하지 못하여 추위에 떨면서 여름에는 무더위에서 참으로 힘들게 생활하면서 공부를 하였다. 한 번은 한국에 갔더니 집사람이 대성통곡을 하면서 제발 경환이에게 가보라고 어떻게 살고 있는지 가서 잠바가 없어서 추위에 떨고 있는데 잠바나 하나 사서 주고 위로를 좀 해달라고 애원을 하여도 매정하게 거절하고 가지를 않은 것이 얼마나 후회가 되었는지 모른다. 그때 고아원을 세 군데 세워 100명이 넘은 고아를 돕는 것도 벅찬 일이었다.

지금은 아홉개의 고아원에 350명이 입양되어 있다. 아들이 졸업하던 1997년 한국은 IMF를 통하여 엄청난 시련을 당하고 있었고 취직을 한다는 것은 하늘에서 별을 따는 것처럼 어려운 시기였다. 지방대학을 졸업하고 아들은 수자원 공사 및 한전 등 여러 회사에 이력서를 내었는데 수자원 공사와 한전 2곳에 합격하는 기적 같은 일이 일어났다. 한전과 수자원 공사 중에 수자원공사에서 발령이 먼저 나서 수자원공사에 입사하게 되었다. 좋은 직장에 입사한 후에 결혼을 하고 지금은 아들과 딸을 낳고 다복한 가정을 이루고 있으며 현재 수자원 공사 구미보에 차장으로 근무하고 있다. 부족한 종이 선교에 힘쓰다 보니 하나님께서 나대신 자녀들을 책임져 주시고 축복된 곳으로 인도해 주셨다고 믿는다. 하나님의 한량없는 은혜에 감사를 드린다.

CHAPTER 09

고아원 사역과 한글교육

　맨처음 꼬디갈리에 세워졌던 첫 번째 고아원이 점점 확대되어 꼬디갈리 고아원을 제1고아원으로 정하였다. 제2고아원은 댕기니꼬떼에, 제3고아원은 첸나이지역에, 제4고아원은 남바니(짚시마을)에 세웠다. 제5고아원은 사우드 날리에, 제6고아원은 코이라에, 제7고아원은 칙가잘라프람에, 제8고아원은 띠르뻐드로 지역에 세웠다.

　여덟개의 고아원을 설립하여 전체 약500 명의 원생들을 입양하여 돌보다가 축소되어 현재 여섯개의 고아원에 350 명의 원생들이 있다. 이들을 믿음으로 훈련시켜서 고등학교 졸업 후 목회자로서 사명자로서 남는 자는 우리 장로회 신학교를 거쳐 목사로 안수받아 교회를 개척하게 된다.

　꼬디갈리에서 처음 고아원을 시작할 때 코코넛 잎으로 집을 지어

현재 고아원 아이들

12명의 고아들을 입양하여 시작하였는데 지금도 그때 그 시절을 생각하면 눈물이 난다. 고아원 한다는 소문이 퍼지게 되니까 너도나도 고아원에 들어오기 위하여 사방에서 모여들기 시작하였다. 5세부터 시작해서 아예 여자는 받지 않고 목회자를 세우는 것이 목적이기에 남자아이들만 입양시켰다.

원칙은 부모가 없어야 되는데, 데리고 오는 분들이 부모가 없다고 속이고 데리고 와서 2,3년이 되면 부모들이 찾아와 만나는 경우도 많았다. 절반 이상의 원생들이 부모가 있음에도 불구하고 생활이 너무 어려워 의식주 문제를 해결하지 못해 고아원에 맡기는 경우가 많았다. 꼬디갈리 고아원에 들어가면 의식주 문제를 모두 해결해 주기 때문에 많은 사람들이 속여서 자기들의 자녀를 고아원에 입소시켰다.

6, 7년이 지나고 나면 아이들이 없어지기 시작했다. 맨 처음에는

이상하게 생각했는데 알고보니 12살 이상이 되면 밤에 아무도 모르게 고아원에 와서 아이들을 데리고 갔다. 데리고 올때는 속이고 사정사정하면서 데리고 와서 고맙다고 하고는, 갈 때는 소리 소문없이 인사도 없이 데리고 가는 것이다. 속도 상하고 기분도 상하였지만 어떻게 할 수가 없었다. 우리 고아원을 거쳐간 원생들이 천 명이 넘는다. 5세부터 입양하기 때문에 어린아이들을 돌보기 위하여 보모 두 사람을 채용하여 돌보도록 하였는데 고아원 아이들이 보모들을 마미 마미(마미는 엄마라는 뜻)하며 잘 따라 주었다.

우리 고아원 아이들은 모두가 힌두가정에서 태어났기 때문에 모두가 힌두 이름들이다. 그래서 우리 고아원에 입양되면 모두 내가 직접 성경이름으로 개명하여 주었다. 그래서 우리 고아원에는 마태, 마가, 누가, 요한, 시몬, 모세, 아브라함 등 모두가 성경이름이다.

한국에서 손님들이 오시면 모두가 이 이름들을 불러주었다. 하루는 대버날리 군에서 군수와 내가 미팅을 가졌는데 군수께서 내게 우

리 고아원 아이들을 전부 등록을 했으면 하는데 아버지가 김 씨이니까 Kim's 모세, Kim's 아브라함, Kim's 마태라고 하면 좋을 것 같은데 어떻게 생각하느냐고 묻는 것이었다. 인도에서는 나를 모두 아버지라고 불렀다, 고아원 아이들이 나를 아버지, 아버지라고 부르니 관공서에서나, 경찰에서, 마을주민들 조차도 모두 나를 아버지라고 불렀다. 나는 고아원 원생들에게 나의 성씨를 주는 것을 많이 생각해 보았다. 그렇게 되면 인도에 처음으로 김씨가 생기고 김씨 자녀

아이들의 모습

가 생기는 것이기에 단순한 일이 아니었다. 그래서 군수에게 참 좋은 생각이나 좀 더 생각해 보고 결정하겠다고 하였다.

그 후에 기도하면서 아무리 생각해봐도 그렇게 할 수가 없었다. 그 이유는 원생들 모두가 신앙으로 잘 성장하여 좋은 사람들이 되면 다행인데 그렇지 못하면 하나님께 영광이 되지 못하고 조롱거리가 된다고 생각하였다. 우리 고아원에서 입양되어 생활하다가 나간 아이들이 천여명이 되는데 고아원을 떠난 후에 별의별 사람들이 많았다.

하루는 뱅갈로 시내에 갔는데 어떤 곳에서 아버지라고 부는 소리가 들려 뒤돌아 보니 길 모퉁이에서 구걸하는 아이가 있었다. 우리 고아원에 3년 있다가 견디지 못하고 도망친 학생이었다. 내가 너무 기가 막혀서 그 아이를 쳐다보며 "왜 이렇게 되었느냐?"고 물어 보았다. 고아원을 도망쳐 나온 후 별로 할 일이 없어서 거지 노릇을 한다는 것이었다.

어느 날은 뱅갈로 시내에 갔는데 교통 정리를 하는 교통경찰이 나를 보고 뛰어와 반갑게 인사를 하였다. "아버지 안녕하십니까?" "저 에녹입니다." "아버지 고아원에 7년 있었습니다."라고 하는 것이었다. 고아원을 떠난 사람들 중에는 별별 사람들이 다 있었다. 그런데 김 씨라는 성을 주면 어떻게 되겠느냐 생각하니 도저히 그렇게 할 수가 없었다. 그 후 군수를 만나서 그렇게 할 수 없다고 말하였다.

고아들에게 한글을 가르치다

고아원을 한다는 것이 그렇게 쉽고 간단한 일이 아니지만 나는 사명으로 생각하고 하나님께 모든 것을 맡기고 지금까지 고아원을 계속하여 운영하고 있다. 하나님께서 나에게 영어를 모른다고 낙심하지 말고 현지어를 못한다고 절망하지 말라고 하셨다. 언어소통의 문제를 놓고 간절히 기도하는 가운데 하나님께서는 고아원 아이들에게 한글을 가르치라는 응답을 주셨다. 하나님의 응답을 받고, 똑똑한 아이들을 모아 한들을 가르친 것이 지금은 너무나 편리하고 유용한 결과를 경험하고 있다.

인도는 언어가 1천6백80개의 방언이 있고 문맹률이 내가 인도에 갔을 때 52%였다. 자기들끼리도 의사소통이 안 될 때가 있다. 보통 인도는 영어로 소통할 수 있다고 하지만, 인도에서 영어를 아는 분

고아원 아이들의 식사 시간

들이 전체 인구의 약30% 정도이다. 그 외는 현지어 밖에 모르기 때문에 다른 지역에 가면 통역을 하지 않고는 소통이 되지 않는다. 한글을 잘 아는 고아원 출신 목사를 데리고 가면 어디에 가든지 한국말로 말하면 그 부족의 말로 통역을 즉시 해주기 때문에 그렇게 편리할 수가 없다.

도마선교센터는 단기선교팀이 많이 오는데 특히 목회자들이 많이 와서 신학교 강의, 부흥회인도, 목회자 세미나를 많이 인도한다. 대부분 한국에서 오신 분들이라 영어를 할 줄 모르는 분들이 많다. 하지만 도마선교센터 출신의 한국말 잘하는 목회자들이 준비되어 있기에 강사가 한국말로 말하면 그 지방어로 바로 통역이 가능하다. 이렇게 언어소통의 문제가 해결되니 오시는 분들의 만족도가 매우 높다. 하나님은 좋으신 하나님이시다. 너무 세밀하신 우리 하나님 아버지이시다. 영어도 제대로 못하고 현지어도 제대로 못하는 무식한 나에게 하나님께서는 고아원 원생들에게 한글을 가르치게 하셔서 이렇게 아무런 언어소통의 어려움 없이 사역할 수 있도록 인도하신 하나님께 참으로 감사를 드린다.

CHAPTER **10**

꿈으로 역사하신
하나님의 인도하심

　인도 비자를 연장하기 위해 한국을 방문하려고 준비하던 때였다. 어느 날 아침 한국에서 전화가 한 통 걸려왔다. 부산 세계로교회 이영배 장로님이 회장으로 계시는 'BMW 선교회'의 간사님이었다. 언제 한국에 들어오느냐 묻기에 금요일이라고 하니 이영배 장로님께서 내가 한국에 들어오면 만나기를 원하시니 연락을 달라고 하였다.

　이영배 장로님은 부산에서 회사를 운영하시는 기업가이자 장로로서 교회를 섬기시는 귀한 분이다. 특히 오래 전부터 해외선교에 대한 비전을 갖고 선교회 회장으로 계시면서 기도와 물질로 후원하고 계신다. 미자립교회에 대해서도 관심과 애정을 가지고 후원하시는 분이다. 이러한 사역들을 통해 나와도 친분을 맺게 되었고, 내가

현재 고아원 아이들과 김정구 선교사 내외

생각하기에 가장 모
범적인 신앙인이자
장로님 중 한 분이다.
　장로님은 한때 주
의 일을 하시면서도
세상의 재미에도 관

고아원 아이들의 조회하는 모습

심이 있어 온전히 신앙에만 집중하지 못했던 때가 있었다고 하셨다.
특히 주변에 사업하시는 분들과 골프를 자주 즐겼는데, 어느 날 주
의 일에만 집중하라는 하나님의 음성을 듣고는 단박에 골프를 끊어
버리셨다고 한다. 그 후로는 오로지 말씀과 가까이 하며 교회를 섬
기고 봉사하는 일에 지금까지 앞장서고 계신다. 식당봉사와 주차봉

고아원 아이들의 율동하는 모습

고아원 내부의 모습

사로 헌신하는 삶을 살고 계시며, 교회에서도 선교부 회장을 맡아 선교사님들을 적극 후원하고 계신다.

내가 한 번씩 선교에 관한 일로 세계로교회 담임목사님을 찾아 가면 선교에 관한 것은 이영배 장로님을 만나 상의하라고 할 정도 로 목사님의 두터운 신임을 받고 계신 분이기도 하다. 언젠가 고아 원 건축이 필요해 목사님을 찾아 뵙고 말씀을 드렸는데, 이번에도 목사님은 장로님을 소개시켜 주셨고, 장로님의 도움으로 제5고아원 기숙사 1동을 2층으로 건축하는 일을 순조롭게 진행할 수 있었다. 선교에 관해서는 만사 제쳐두고 후원하시는 정말 귀한 장로님이시다.

그런 장로님이 나를 만나자고 하시니 무슨 일인가 싶어 참으로 궁금했다. 한국에 도착하자마자 곧장 장로님을 만나러 장로님의 회사로 찾아갔다. 오랜만의 만남이라 그런지 더욱 반가웠고 기쁜 마음으로 인사를 나누었다. 대화를 나누던 중 나는 장로님께서 왜 나를 만나자고 하셨는지 조심스레 물어보았다. 그러자 장로님께서는 간증과도 같은 말씀을 하셨다.

장로님께서 어느 날 새벽기도 시간에 눈물로 울부짖으며 기도를 하고 있던 중 "인도에 교회를 건축하다가 중단된 교회가 있는데 왜 교회를 세우지 않느냐?"라는 하나님의 음성이 들려왔다는 것이었다. 한두 번도 아니고 여러 차례 같은 음성이 들렸으며, 심지어 꿈으로도 보게 되었다고 하셨다. 장로님께서 알고 있는 인도의 선교사라고는 나밖에 없었기 때문에 그래서 내게 연락을 하게 되었다는 것이었다. 그러면서 장로님은 "정말 인도에 건축을 하다가 중단된 교회가 있습니까?"라고 물었고, 나는 "그런 교회가 많이 있습니다."라고 대답하였다. 그러자 장로님은 눈으로 직접 확인하고 싶다며 당장 인도로 가보자고 하셨다.

건축 중단된 교회를 재건하라

장로님과 나는 신속히 비자를 받고 며칠 후 인도의 사역지로 함께 가게 되었다. 서정수 장로님과 이병숙 장로님도 동행하셨다. 우리는 가까이에 있는 뱅갈로 시내부터 자동차로 8시간 거리에 있는 살램까지 총 8개의 교회를 차례로 방문하였다. 건축이 중단된 교회들을 보며 이영배 장로님은 많이 가슴 아파 하셨고, 즉시 후원하기로 작정해 주셨다. 8개 교회 중 이영배 장로님이 4개, 서정수 장로님이 4개를 맡아 후원해 주셨고, 공사가 재개되어 8개 교회 모두 은혜 가운데 무사히 공사를 마칠 수 있었다. 할렐루야! 하나님의 크신 은혜의 역사가 나타난 것이다.

여러 교회들을 둘러보고 이영배 장로님과 함께 내가 섬기고 있는 5고아원을 방문해 고아원 원생들과 교제를 나누었다. 장로님이 후원해 주셔서 건축할 수 있었던 바로 그 5고아원이었다. 다시 한번 감사의 마음을 표하고자 "장로님이 후원해주셔서 건축한 건물입니다."라고 인사를 드렸더니 장로님께서는 "아, 그렇습니까? 저는 몰랐습니다."라고 말씀하시며 털털하게 웃으셨다. 장로님께서는 하나님이 시키는 대로 일을 할 뿐 일하고 나면 잊어버리고 주위에 드러내지도 않는다고 하셨다. 오른손이 하는 일을 왼손이 모르게 하라는 예수님의 가르침을 몸소 실천하시는 장로님의 말씀에 나도 큰 은혜를 받았다. 하나님께서는 이런 장로님을 보시고 얼마나 기뻐하실까.

내친김에 나는 염치불구하고 장로님께 "고아원에 예배실이 없는데 건축을 부탁드려도 되겠습니까?"라고 물었고, 장로님께서는 한

치의 주저함도 없이
흔쾌히 승낙해주셨
다. 장로님 덕분에 철
근 콘크리트로 약 30
평 정도 되는 예배실
을 건축하여 고아원
원생들과 함께 예배를
드릴 수 있게 되었다.
얼마나 은혜로운 일인지 모른다.

　이영배 장로님은 요즘 코로나 시대를 맞아 어려움을 겪고 있는 지방의 미자립교회에 대한 관심이 많다고 하신다. 이에 올해부터는 담임목사님께 양해를 구해 매월 첫째 주일만 세계로교회에서 예배를 드리고, 나머지 주일은 아내 정양숙 권사님과 함께 전국에 있는 미자립교회를 차례로 방문해 예배를 드리며 후원하고 계신다. 참으로 귀한 사역이며 이렇게 훌륭하신 장로님을 만나 교제할 수 있도록 허락하신 하나님께 감사드린다.

CHAPTER 11

한센(나환자)선교 센터를 세워
한센인을 돌보다

나는 평소부터 한센인에 대한 관심이 많았다. 어릴 때 한센인들을 보면, 한센인들은 버림받은 자들로서 동네에 마음대로 다닐 수가 없었다. 수용소에 지내며 수용소 밖으로 나가는 것도 자유롭지 못한 채 처참한 삶을 살고있는 모습을 보았다. 한때는 한센교회에서 목회를 해볼려는 생각도 해 본적이 있어서 종종 한센인교회를 방문하여 교제도 하였다.

내가 인도에 가기 전 '성림교회'를 개척하고 시무할 때 소록도교회를 정기적으로 방문하였고 교인들도 자주 단체로 방문하도록 하였다. 학생회 수련회를 소록도에서 한 적도 있다. 나는 일년에 두 차례 소록도교회를 방문하여 일주일간 그곳에서 생활하면서 그들과 함께 하는 시간을 가지 곤 하였다. 이들이 육지에 나간다는 것은 그

인도도마선교센터 30년 역사 이야기
인도 고아들의 아버지, 김정구 선교사

리 흔한 일이 아니며 참으로 어려운 일이었다. 성림교회에서 소록도 칠성교회와 자매결연을 맺고 돌보며 관광버스를 대절하여 그들을 초청하기도 하였다. 2박 3일 초청하여 교우집이나 교회에서 자기도 하였다. 한센인들을 경주로 관광을 보내기도 하고 선물도 주었으며 진심으로 그들을 위로하였다. 소록도에서 유명한 것은 소록도 시각장애인 하

한센인 센터 입구

한센인 환자의 발

한센인 환자의 손

모니카 합주단이다. 그들을 초청하여 집회도 하였고 연주회도 개최하였다.

한센인들에게 복음을 전하고 있다

한센인들의 찬양하는 모습

한센인들과 특수한 관계를 지니는 인도

내가 인도에 가서 사역을 하면서 가장 많이 만났던 사람들이 한센인이었다. 인도는 참으로 신비한 나라이다. 한센인 환자들이 오그라진 손에 깡통을 들고 온 시내를 누비며 구걸을 하는데 누구든지 더

럽다든지, 한센인을 두들겨 패서 쫓아내는 것을 본 적이 없었다. 한 센인을 보면 인도인들은 그들을 도와 주었다. 그들은 버스도 일반인들과 함께 타고 기차도 함께 탔다. 심지어 시장도 자유롭게 다녔다. 한센인들이 부잣집 처마 밑에서 잠을 자도 그냥 두었다. 한센인들이 자유롭게 생활하도록 인도인들은 놔두었다. 한국 사람으로서는 이해가 되지 않는 모습이었다.

나는 소록도를 생각하면서 한센인들을 위하여 센터를 세워 그들을 돌보기 시작하였다. 함께 찬송하고 서로 손잡고 기도하고 함께 춤도 추었다. 천국이 따로 있는 것이 아니었다. 천국은 그들 가운데 있었다. 세계에서 인도가 한센인(나환자)이 제일 많은 곳이다. 나환자 마을에 교회를 세우기로 하고 치툴지역 한센교회와 안드레지역에 안드레교회를 건축하여 현재 약 400명의 한센인(나환자)들을 돌보고 있다. 금번 코로나19로 인하여 30여 명이 사망하였고, 그 중에 많은 사람들이 생활고로 어려움을 당하고 있다.

CHAPTER 12

도마크리스찬
사립학교를 위한 헌신자들

도마크리스찬 사립학교를 건축할 때 특별히 관심을 가지고 동참하신 분들 중에 몇분을 소개하고자 한다. 많은 교회와 개인들이 교실 한칸 짓기 운동에 동참하여 주셨는데 일일이 소개드리지 못하게됨을 송구하게 생각한다.

① 김해, 신덕근 장로님: 홍수 피해보다 먼저 교실헌금을 하셨다

신덕근 장로님은 특별한 은사를 받은 분으로서 가족 수대로 교회를 개척하는 꿈을 가지고 일생을 헌신하여 오신 분이시다. 국내에 2개 교회를 개척하시고 인도에 신학교 졸업식이 있을 때 신명구 목사

님과 이한석 목사님 그 외 많은 분들이 방문
할 때 함께 오셨다. 신덕근 장로님께서는 인
도를 돌아보시며 많은 은혜를 받으시고 3개
의 교회를 개척하여 주셨다. 김해 장로회연합
회, 김해 남전도회연합회, 김해 교사연합회에
인도를 소개하며 인도에 교회를 세우시는데
앞장 서 주셨다. 신 장로님께서는 특별히 학
교를 건축하는데 큰

도마사립학교 정문 입구

관심을 가지시고 5개
교실을 건축해 주실
것을 약속해 주셨다.
　신 장로님은 낙동
강변 양돈장에 돼지
1,000 마리 정도 가

인도 국기를 휘날리며 행진하는 학생들

멀리서 본 도마사립학교 건물

학교버스를 타고 등교하는 학생들

있었다. 매미호 홍수 때 낙동강 둑이 무너져 1,000여 마리의 돼지가
다 죽고 말았다. 큰 재해를 당한 것이다. 이러한 어려움을 믿음으로

도마사립학교 건물 앞에 선 김 선교사

학교 앞에서 김정구 선교사 내외 (조원조 사모)

극복해 나가셨다. 정부에서 보상이 나오면 교실 5개를 가족수 대로 건축할 터이니 속히 보상금이 나오도록 기도하여 달라고 부탁하셨다. 몇 년 후 보상이 나오게 되었다. 보상금으로 급한 부채를 갚아야 되고, 어려운 문제들을 해결해야 되는데 신 장로님은 교회건축을 위하여 나에게 연락을 주셨다. 김해 농협은행으로 와 달라고 하셔서 김해 농협은행으로 가니 장로님과 권사님이 은행에서 기다리고 계셨다.

은행에서 교실 5개를 건축할 수 있는 돈을 찾아서 나에게 건네 주시는데 너무나 귀한 돈이라 선뜻 받을 수가 없었다. 먼저 급한 부채를 해결해야 하고 복구를 위해 써야 할 돈인데 학교교실 건축비로

도마사립학교의 아름다운 정경

학교 운동장에서 행진하는 학생들

선뜻 건네주신 것이다.

　너무 죄송한 마음에 권사님 뜻과 장로님 뜻이 다를 수 있는데, 권사님께 이 돈을 받아도 되는지 조심스럽게 물어 보았다. 권사님께서는 장로님과 뜻이 같으니 부담스럽게 생각하지 마시고 받아서 교실

도마사립학교의 아름다운 정경

을 건축하라고 하면서 그 돈을 건네 주셨다. 감사함으로 그 돈을 받아서 5개 교실을 건축할 수 있었다. 신 장로님과 권사님의 헌신에 참으로 큰 위로를 받았고, 학교를 세워가는 데 큰 도움이 되었다. 두 분은 참으로 귀한 분들이시고 지금까지 학교를 위해 기도하여 주시고 걱정하여 주시며 큰 힘이 되고 있다.

② 이름도 모르는 성도의 헌신: 자녀들의 학자금을 해약 하신 분

한번은 알지도 못한 집사님으로부터 전화가 왔다. "김정구 목사님을 뵙고 싶은데 시간 좀 내어주시겠습니까?" 무슨 일인지 모르나

학교 행사를 준비하는 학생들

학생들의 공연하는 모습들

뵙도록 하였다. 날짜와 시간을 알려주고 울산시내에 있는 한식당에
예약해 점심시간에 뵙도록 하였다. 약속한 날에 한식당으로 찾아갔
는데 처음보는 집사님 부부가 초등학생인 아들을 데리고 미리 도착

학교 앞에 있는 나무에 걸친 무지개에서 미래의 약속을 본다

하여 기다리고 있었다.

도마선교센터의 소식을 듣고 목사님을 한번 뵙고 싶었고 어떻게 하면 교실 한칸이라도 도울 수 있을까 생각하며 기도하셨다고 한다. 집사님은 두 아들 앞으로 대학교 가면 학자금으로 사용하기 위하여 교육보험을 든 것이 있는데, 마음에 감동을 받아 그 보험금을 해약하여 교실 한칸 선교비로 가지고 온 것이다.

"우리 두 아들 시흥이와 시영이 이름으로 교실 한칸을 건축하여 달라"고 하면서 귀한 헌금을 해주셨다. 지금도 이 집사님들의 헌신을 잊을 수 없고 지금은 어디에 계신지 알지 못하나, 생각날 때마다 기도하고 있다. 어렵고 힘든 가정을 통하여 하나님께서는 역사해 주셨고 도마사립학교가 세워질 수 있도록 하셨다. 하나님께 존귀와 영광을 올려 드린다.

CHAPTER 13

인디아 장로회 신학교 사역과
건축 후원자들

1995년에 세워진
도마선교센터 로고

고아원에 입양된 원생들이 잘 자라고 고등학
교를 졸업하고 목회자의 사명을 가진 자들이
많아지게 되었다. 인도에는 미전도 지역이 너
무 많이 있다. 인도 전역에 70만 개의 마을이
있는데 그 중에 7만 5천 개의 마을에 교회가 세워
졌다. 아직도 60만 마을에 교회가 없고 복음을 한번도 들어본 적이
없는 곳이 엄청나게 많이 있다. 내가 인도에서 사역을 할 때에 미전
도 지역에 복음을 전하여 교회를 세우고자 하는 사명을 가지고 고아
원 출신의 아이들과 함께 미전도 지역으로 전도차 갈 때가 많이 있
었다.

산을 넘고 물을 건너 몇 시간을 가다 보면 곳곳에 마을들이 많이

아브라함 부총장과 학위수여자들

아브라함 부총장과 학위수여자들

있었다. 그곳에는 교회도 없고 복음을 한 번도 듣지 못한 사람들이 상당히 많이 있었다. 그런 곳에 찾아가면 동리 입구에 대부분 조그

학위 수여자들을 위한 축복 기도의 시간

졸업한 학생들에게 목사 안수를 하는 김정구 선교사

마한 점빵(가게)이 있다. 판자로 2평 정도의 점포를 만들어 과자종류, 과일종류, 다양한 물건들을 놓고 장사를 하였다.

다니다 보면, 식당이 없어서 주로 점빵(가게)에 가서 빵과 음료수를 사서 일행들과 함께 먹곤 하였다. 점방 주인에게 물건을 사면서

학위를 수여하는 아브라함 부총장

"예수님을 아십니까?"라고 물으면 깜짝 놀라면서 무슨말인지 몰라 당황해 했다. 혹시 예수과자를 찾는가 생각해서 우리 점방에는 예수 과자가 없다고 말하는 사람도 있다. 이러한 곳이 엄청나게 많이 있 는 곳이 인도이다. 점방주인도 놀랐지만 나 또한 놀라움을 금치 못 했다.

아직도 한번도 복음을 듣지 못한 인도인들

'어떻게 지금까지 예수님이 누구인지 예수님에 대하여 이렇게 모 를 수가 있을까?' '예수 과자라니?'

웃음이 나오기도 하고 기가 막히고 마음이 아파올 때가 많았다. 예수님을 모르는 주인에게 예수님에 대하여 소개하고 성경을 주면 너무 좋아했다. 감사하다고 인사를 한다.

"예수를 믿겠는데 어디로 가야합니까?"

교회로 가라고 하면 이 부근에는 수십 개 마을이 있는데 교회는 없다라고 대답을 했다. 이러한 소리를 들을 때 마다, 교회가 없는 마을에 교회를 세워야 겠다는 간절한 마음이 들곤 하였다.

교회를 세우기 위해서는 잃어버린 영혼을 구원하는 전도자가 필요하다. 그래서 신학교 설립의 필요성을 느끼고 1997년 신학교를 시작하였다. 신학생들은 매주 금요일 수업을 마치고 아직 복음이 들어가지 않은 지역으로 가서 복음을 전하였다. 먼저 그 지역에

졸업기념 사진

신학교 정원에서 담소하는 학생들

작은 집을 세를 얻어서 가정교회를 시작하였다. 그 지역에서 생활할 수 있도록 전도자들에게 생활비를 지급하였다. 신학교는 대학부 3년, 신학대학원 2년 과정, 합 5년을 마치면 목사 안수를 주어서 파송하였다. 이렇게 신학교를 시작하여 2020년도에 제18회 졸업 및 목사안수식을 하고, 2021년도의 졸업식과 목사안수식은 코로나로 취소가 되어 아직까지 졸업식과 목사안수식을 못하고 있는 상황이다.

신학교는 꼬디갈리에서 시작하여 학교가 이전됨과 동시에 학교 안에서 신학교를 시작하였다. 신학교는 새벽기도회 및 예배들이 소란스러운 편이다. 신학교가 도마학교 안에 있으니까 학생들의 수업에 지장을 초래하였다. 어떻게 해야 하는가? 기도하던 중 신학교를 옮기는 것이 도마학교와 신학교의 미래에도 좋겠다는 생각을 하였다. 신학교를 어디로 옮길 것인가를 놓고 고민하며 기도하였다.

그러던 중에 울산명성교회(김종혁 목사 시무)에서 인도에 7개 교회를 건축하게 되었다. 1개 교회가 선교지에 7개 교회를 건축한다는 것이 그리 쉬운일 아니다. 2018년 명성교회에서 2개 교회를 건축해 달라는 부탁을 받고 어디에 교회를 세워야 될까 생각하는 중에 임미혜 목사님 고아원이 도마학교에서 차로 30분 거리에 있었다. 고아원은 세워졌으나 교회를 세우지 못해 예배드리는데 어려움이 많이 있었다. 임미혜 목사님께서 매주 1번씩 학교에 채플담당으로 오시고 또 신학교 교수를 오래 하셨기 때문에 서로 긴밀히 협력하면서 사역을 하는 관계였다. 임 목사님에게 교회를 두 개 세워야 하는데 어디에 세우는 것이 좋겠느냐고 의견을 물어보니, 자기 고아원 땅에 교회를 세워 달라고 부탁을 하였다.

마침 아브라함 목사가 우리 고아원 1기생으로 임미혜 목사님 사역을 돕고 있었다. 교회당이 더 필요한 것 같아서 교회를 건축하여 주도록 40평의 교회를 고아원 땅 안에 건축하게 되었다(인도갈보리교회: 울산명성교회 후원).

2019년 헌당예배 때에 김종혁 목사님과 몇 분의 명성교회 장로님 그리고 합동측 울산남전도회에서 교회를 건축하였기에 대표로 허경보 장로님이 함께 오셔서 헌당예배를 드렸다. 신학교를 인도명성교회로 옮기면 서로 편리할 것 같은 생각이 들었다. 임미혜 목사님도 신학교 교수이니 좋고 아브라함 목사도 목회사역을 할 수가 있어서 좋고, 나 또한 믿고 맡길 수 있는 사람들이 있어서 좋다는 생각이 들었다. 그래서 헌당식에 오신 김종혁 목사님께 신학교를 인도갈보리교회(명성교회에서 설립)로 옮기려고 하니 2층 교실과 3층 도서관을 세워 달라고 부탁을 드렸다.

그 후 명성교회에서 신학교의 필요성을 느끼고 얼마 후에 그 약속을 지켜 인도갈보리교회 위에 2층 신학교 교실을 건축하였다. 3층 도서관은 다른 분에게 부탁을 드렸으나 약속이 잘 이행되지 않아 내가 다른 곳에서 후원을 받아 3층 도서관을 건축하였다. 이리하여 신학교가 1층 채플, 2층 교실, 3층 도서관으로 완공이 되어 현재 이 곳에서 신학생들이 공부를 하고 있다.

2021년 3월에 제19회 졸업 및 목사안수식과 신학교 준공감사예배를 드리려고 하였으나 코로나 상황이 심각해져서 계획되로 할 수 없어 무기한 연기하고 있는 상황이다. 코로나 사태가 빨리 종식되어 인도로 가는 하늘길이 열릴 수 있도록 기도해 주시기를 부탁 드린다. 또한 장로회 신학교를 위하여도 중보기도해 주시기를 부탁 드린다.

우리 신학생들이 개척한 인디아 장로회는 현재 인도전역에 161개 교회를 개척하여 건축하였고 500개 가정교회가 세워져 있다. 참고로 161개 교회를 후원하여 건축해 주신 교회와 개인은 다음과 같다.

(1) 울산미포교회 2개   (2) 울산동해교회 2개

(3) 울산명성교회 7개   (4) 삼산제자교회 1개

(5) 선양교회 1개   (6) 복음교회 1개

(7) 큰빛교회 2개   (8) 남부교회 1개

(9) 월평교회 3개   (10) 울산노회(합동) 남전도회 1개

(11) 북부교회 1개   (12) 밀양교회 2개

(13) 광영중앙교회 3개   (14) 순천대대교회 4개

(15) 순천은평교회 2개   (16) 순천남부교회 2개

(17) 골약교회 1개   (18) 창녕은광교회 1개

(19) 밀양새롬교회 1개   (20) 공항제일교회 1개

(21) 이봉금 전도사 1개   (22) 축복교회 1개

(23) 명동교회 4개 + 7개(관리하는 교회)

(24) 건천제일교회 2개   (25) 서정수장로 4개

(26) 이영배장로 4개   (27) 서영자목사(영광선교회) 4개

(28) 부산연산동교회 2개   (29) 동래제일교회 1개

(30) 제4영도교회 1개   (31) 제3영도교회 2개

(32) 부산남교회 1개   (33) 부산사직동교회 1개

(34) 무명교회 3개   (35) 신덕근장로 3개

(36) 김해남전도회 1개   (37) 김해장로회 1개

(38) 김해교사회 1개   (39) 문경희권사 1개

(40) 진해경화교회 3개   (41) 마산신광교회 1개

(42) 테바교회 1개   (43) 맥클린장로교회 3개

(44) 울산세계로교회 12개   (45) 에스더선교회 1개

(46) 기독교국제선교회(연합) 1개   (47) 예천중앙교회 4개

(48) 대구삼승교회 1개   (49) 풍기제일교회 4개

(50) 세계볼트 2개   (51) 창조정밀 1개

(52) 사랑선교교회 1개   (53) 숭의교회 2개

(54) 새중앙교회 2개   (55) 울산서부교회 1개

(56) 연린보화교회 1개   (57) 광명성결교회 2개

(58) 울산성결교회 1개   (59) 천호동성결교회 1개

(60) 갈릴리교회 1개   (61) 박욱용집사 3개

(62) 김정자원장(SOP) 1개   (63) 윤형묵 목사(윤은숙 권사) 1개

(64) 전국남전도회연합회(합동) 1개

(65) 전국남전도회연합회(고신) 2개

(66) 무명으로 개척된 교회 34개   합계: 161개 교회

＊혹시 잘못된 부분이 있으면 연락주시기를 바랍니다.

　김정구 목사 : 010-3208-0084

CHAPTER **14**

인디아 장로회 소속 161개 교회와
500여 개 가정교회가 세워지다

　　인도복음화를 위하여 교회를 개척하도록 하고, 그 교회들이 세워
질 수 있도록 신학교를 설립하여 운영하였다. 대부분의 신학생들은
우리 고아원에서 훈련 받으며 자란 원생들이었고 그들은 목회자의
사명을 가진 자들이다. 이들이 신학교에서 철저하게 훈련을 받아 목
사가 되어 목회현장에서 생명을 바쳐 복음을 전하고 있다. 현재 161
개 교회가 개척되어 설립되었다. 교회를 건축하기 위하여 준비하고
있는 가정교회가 500여 개가 있다. 161개 교회와 500여 개의 가정
교회 중에서 몇 교회만 소개하고자 한다.

① 치툴지역, 서부교회 삭개오 목사 :힌두리더의 박해와 회심

인도 사람들은 태어
날 때부터 힌두교의 영
향으로 힌두교식의 이
름을 많이 갖게 된다.
부모님이 힌두교를 믿
는 사람들이 대부분이
기 때문에 그 종교적 영

향으로 자식들도 그 종교와 연관된 이름들을 많이 갖고 있다. 여러
가지 환경속에서 우리 고아원에 들어온 아이들에게는 내가 힌두식
이름대신에 성경에 기초한 새로운 이름을 지어준다. 도마선교센터
에 차로 8시간 가면 치툴지역이라는 시골이 있다. 이곳은 힌두마을
로 복음을 전할 수 없는 지역이었다. 미국선교사가 그 곳에 교회를
세우기 위하여 갔다가 핍박으로 결국 교회를 세우지 못하고 철수한
지역이었다. 이 지역에 교회를 세우기 위하여 우리 고아원 출신 삭
개오 목사를 파송하였다. 인도사람들은 태어나면 힌두이름을 지어
주는데 삭개오 목사는 키가 작아서 내가 '삭개오' 라는 이름을 지어
주었다.

삭개오 목사는 키가 작지만 사명감이 투철하였다. 그는 '죽으면
죽으리라' 는 일사각오의 정신으로 복음을 전하는 자로서 그 곳에 파
송되어 갔다. 삭개오 목사가 동네사람들에게 복음을 전하자 그 마을
의 힌두리더가 삭개오 목사가 전도하는 현장에 칼을 가지고 와서 삭

개오 목사의 목을 칼로 사정없이 찔렀다. 큰 상처를 입고 삭개오 목사는 치료를 받게 되었다. 이정도 되면 왠만한 목사는 포기할 수도 있을 텐데, 큰 상처를 입었음에도 불구하고 완쾌된 후에 삭개오 목사는 계속해서 포기하지 않고 마을 주민들에게 복음을 증거하였다.

하루는 힌두리더가 나를 만나자는 연락이 와서 찾아갔다. 나를 만난 힌두리더가 내 앞에 무릎을 꿇고 "나 같은 사람도 예수 믿으면 됩니까?" 라고 하면서 자신의 죄를 자복하고 회개한 후에 예수님을 구주와 주님으로 영접하였다.

그 후 세례를 받고 동네에 교회를 세워 달라고 부탁을 하였다. 얼마 후 땅을 구입하여 '서부교회'를 세우게 되었다. 도마선교센터에서 그 동네까지 왕복 8시간이 걸리는 거리였다. 오전 4시에 센터에서 출발하면 아침 8시에 마을에 도착하였다. 시골이라 어디에 갈 곳도 없고, 식당도 없어서 매우 불편하였지만 주일을 빼고는 매일 그곳을 다니면서 교회를 건축하였다. 교회가 완공되어 헌당예배를 드

릴 때에는 전 동네 사람들이 다 교회에 나와서 함께 예배하고 헌당을 축하하면서 헌당예배를 드렸다. 현재 삭개오 목사가 그 교회의 담임목사로서 목회를 훌륭히 잘하고 있다.

② 요한교회 (울산동해교회, 황진성 목사 후원교회):
박해를 이기고 성장하다

요한교회는 센터에서 2시간 걸리는 지역에 요한목사를 파송하여 그곳에 교회를 세우게 되었다. 이 지역도 힌두마을로 핍박이 심한곳으로 교회를 세우는데 엄청난 어려움이 있었으나 하나님의 은혜로 교회를 개척하여 건축하게 되었다.

요한이 지역에서 교회를 세우기 위하여 열심히 마을 사람들을 전도하였다. 어느 날 힌두리더의 부인이 주님을 영접하고 교회에 나오게 되었다. 그 여인은 교회에서 은혜를 받고 남편의 눈을 피하여 매주 열심히 교회를 다니며 신앙생활을 하였다.

힌두리더 부인은 너무 하나님의 은혜가 감사하고 구원받게 된 것이 고마워 평소에 그녀가 아끼던 금반지, 금목걸이를 남편 모르게 헌금하였다. 인도 사람들은 세계에서 금을 제일 좋아하며 금 장식하는 것을 좋아한다. 시골 사람들도 금반지를 끼고 목걸이를 걸고 일을 한다. 힌두리더 부인이 금반지와 금목걸이를 헌금하고 난 후에 남편이 살펴보니, 매일 끼고 다니던 금반지와 금목걸이가 없는 것을 발견하였다.

부인에게 금반지와 금목걸이가 안 보이는데 어떻게 된 것이냐고 따져 물었다. 더 이상을 숨길 수가 없다고 생각한 부인이 고백을 하였다.

"나는 예수님을 믿고 영접하고 너무 기쁘고 감격스러워 금반지와 금목걸이를 헌금하였습니다. 당신도 나와 함께 교회에 같이 다니도록 합시다."라고 하였다.

이 말을 들은 남편 힌두리더는 힌두인 10명을 데리고 교회로 달려갔다. 그때 목사처남이

교회 마당에 있었는데 10명이 몽둥이로 때려서 현장에서 목사처남을 살해하였다. 교회에서 기도하는 목사님은 잡아서 의자에 묶고 송곳으로 무릎을 비롯한 온 몸을 사정없이 찔러 혼수 상태에 빠지게 만들었다. 다행히 요한목사는 병원에서 치료를 받아 생명을 건질 수 있었고 무사히 퇴원하였다. 이 사건은 그 동네에 큰 사건이었으며 경찰이 출두하여 조사가 이루어지고 힌두리더와 테러를 가한 10명은 구속이 되었다. 그후 합의하여 풀려나고 교회는 핍박 후 모든 문제가 사라지고 은혜 가운데 안정되게 교회가 성장하고 있다.

③ 축복교회 사무엘 목사
(서울 축복교회 김상륜 목사 교회 후원): 힌두 주지의 회심

사무엘 목사는 우리 인디아 장로교단의 부흥사로서 덩치도 크고 운동도 많이 하여 마치 레슬링 선수와 같다. 주일날 예배를 4시간 이상 드리며 교인들이 모두 성령의 충만을 받고 교회를 섬기고 있다. 성도들이 교회를 위하여 뜨겁게 봉사하며 전 성도가 한 생명을 귀하게 여겨 열심히 노방전도하며 복음의 사명을 다하는 교회이다. 축복교회가 시작 될 때에는 그 지역이 핍박이 심한 지역으로 사람의 생각으로는 교회를 개척할 수 없는 지역이었다.

사무엘 목사가 그 지역에 전도하러 가면 힌두인들이 떼를 지어 반대하고 방해하여 사무엘 목사가 전도하는데 많은 어려움을 당하였다. 그럼에도 불구하고 사무엘 목사는 포기하지 않고, 열심히 전도하였다. 힌두인들은 그냥 두어서는 안되겠다고 생각하여 식칼을 준비하고 전도하는 사무엘 목사를 칼로 사정없이 찔렀다. 피를 흘리며 쓰러진 사무엘 목사를 사정없이 구타하여 기절하게 만들었다. 사무엘 목사는 병원으로 급히 후송되어 여러차례 수술을 받게 되었다. 상태가 악화되어 병원에서는 살기가 어렵다고 포기해야 된다고 하였다. 하지만 사모님과 가족들 그리고 온 교회의 교인들이 목사님을 위하여 철야기도하며 부르짖었다. 성도들 가운데 일부는 금식기도를 하며 전심전력으로 하나님께 간구하였다. 하나님의 기적같은 은혜로 병원에서는 가망이 없다고 하였지만, 주께서 치료의 광선을 발

하셔서 사무엘 목사는 점점 회복되어 건강한 모습으로 퇴원하게 되었다. 병원을 퇴원한 후에 사무엘 목사는 '원수를 사랑하라'는 주님의 말씀에 순종하여 그 동네에 찾아가서 자기를 찌르고 핍박하였던 자들을 다 용서해 주었다. 그 후 그들은 변화되어 현재는 충성된 교회의 성도가 되었다.

기도의 은사가 임한 분들은 은사집회를 많이 하는데, 인도에 오신 김상률 목사님과 사모님이 인도를 방문하셨을 때, 몇 군데 은사집회를 하였다. 가는 곳마다 참석한 모든 성도들이 은혜를 받고 성령의 충만함을 체험하게 되었다. 집회 중에 머리를 길게 기르고 흰옷을 입은 힌두주지 한분이 집회에 참석하였다. 힌두주지가 교회에 나온다는 것은 있을 수 없는 일이었다. 그런데 이 분은 집회에 참석

하여 3시간 동안 말씀을 경청하였다. 김상률 목사님께서 마지막 안수기도를 하는데 힌두주지도 안수 기도를 받고 싶다고 하였다. 김상률 목사님이 그 힌두주지에게 안수기도를 하려고 하자, 힌두주지는 겸손하게 무릎을 꿇고 안수기도를 받았다. 성령께서 그 힌두주지의 마음속에 역사하여 힌두주지는 눈물을 흘리며 회개하며 예수님을 구주와 주님으로 영접하였다. 할렐루야! 아멘.

그 후 이 힌두주지는 주지옷을 벗고 머리도 깎고 열심히 교회에 참석하면서 지금까지 신앙생활을 잘 해오고 있다. 김상률 목사님과 사모님이 인도에 오셔서 많은 영혼을 주님께로 인도하셨다. 두 분의 헌신과 수고에 마음으로 깊이 감사하며, 두 분이 하나님의 장중에 붙들려 인도선교를 위하여 존귀하게 쓰임받을 수 있기를 기도한다.

이러한 하나님의 역사속에 한 사람 한 사람이 회개하고 예수님을 영접하고 교회로 모여들기 시작하더니, 그 동네 전체가 회개하고 예수님을 믿게 되었다. 교회를 300평으로 건축할 때 온 성도가 힘과 정성을 다하여 봉사하였다. 서울축복교회(김상률 목사)의 후원으로 교회를 건축하고 준공하여 헌당예배를 드릴 수 있었다. 헌당예배를 드릴 때는 3천 명이 모였다. 교회 헌당 후 축복교회는 크게 성장하여 현재는 인디아 장로회 소속 161개 교회중에서 제일 크고 많이 모이는 교회로 성장하였다. 하나님이 함께 하시고, 담임목사와 성도들이 한 마음으로 희생하며 교회를 섬길 때, 하나님께서 교회를 크게 부흥시켜 주신다는 것을 보여주는 사례이다. 인디아 장로회에 소속된 교회들을 개척, 후원하여 주시고 교회를 건축할 수 있도록 도와주신 모든 교회와 후원자들에게 진심으로 감사를 드린다.

④ 불날리교회 (히스기야 목사) – 부산 동래 제일교회
개척 후원: 힌두 주지의 요청으로 세워진 교회

인디아 장로회에 소속된 교회를 개척할 때 우연히 된 곳은 한 곳도 없다. 모두가 하나님의 은혜로 기적적으로 세워졌다. 목회자가 찾아가서 전도하여 그 후 교회가 개척된 곳도 있는가 하면 말할 수 없는 박해와 핍박 중에서 개척된 교회도 있다. 불날리교회는 힌두

주지의 간청에 의하여 세워진 특이한 교회이다. 불날리 마을은 뱅갈로 시내에서 1시간 거리에 있는 시골로서 포도단지가 조성되어 있는 조금 부요한 시골지역이다.

　이곳은 복음을 접하지 못한 곳으로 단기선교팀이 와서 10개 마을을 돌면서 복음을 전하였는데 모일 장소가 마땅치 않았다. 장소를 찾던 중 힌두 사원 앞에 광장이 넓어서 그 곳에 진을 치고 전도를 하였다. 힌두사원 문 앞에서 마이크를 사용하여 찬양하며 율동하며 큰 소리로 복음을 전한다는 것은 쉬운 일이 아니었다. 찬양소리가 마이크로 마을에 울려퍼지자 한 사람 한 사람 모여들기 시작하더니 백여 명이 모이게 되었다. 모인 군중들과 함께 찬양하며 말씀을 증거하는데 힌두주지가 힌두사원 앞에서 전도하는 것을 보고 금지를 하지 않았다. 도리어 그 모임에 참석하여 마지막까지 자리를 지키더니 모임이 다 마친 후 주지가 우리에게 어디서 왔느냐고 물었다. 한국에서 왔다고 하니, 멀리서 이곳까지 와주셔서 고맙다고 했다. 불날리 마을에 처음 예수 믿는 사람들이 찾아와서 영광이라고 하였다. 그리고 나서, 우리 마을에 교회가 없는데 교회를 세워달라고 부탁을 하였다. 너무 뜻밖의 일이라 처음에는 눈과 귀를 의심하였다. 힌두주지가 교회를 세워달라고 하니 참으로 기적이 아닐 수 없다. 힌두주지는 교회에 나오지는 않지만 이후에 교회가 개척되고 교회건축을 하는 데 큰 관심을 가지고 끝까지 협력하여 주었다. 이렇게 하여 불날리교회는 힌두주지의 간청에 의하여 교회가 세워지게 되었다. 이 교회가 건축되는데 부산동래제일교회에서 후원하였다. 기적같은 하나님의 은혜에 감사를 드린다.

CHAPTER 15

하나님께서 주신 학교 세우는
꿈을 이루어주셨다

주님이 주신 나의 꿈은 학교를 세우는 것이었는데 그 꿈이 10년이 지나도 이루어지지 않았다. 현재 있는 꼬디갈리 센터는 약 1,400 평인데 공간이 좁아서 학교를 세울 수가 없었다. 적어도 만 평의 땅을 사야 되는데 나의 형편으로서는 상상도 할 수 없는 일이었다. 꿈이 현실적으로 이루어지는 것은 불가능한 일이었다. 그러던 중 2005년 타밀나두 게르만가람 지역에 울산 세계로교회(담임 김주연 목사)에서 교회를 건축하고 헌당예배가 있었다. 그 때 정당정치인(여야 의원) 약 20여 명이 헌당예배를 축하하기 위하여 참석하였다. 그들은 영어학교와 병원을 세워 달라는 간곡한 부탁을 하였다. 꿈은 있었지만 상상할 수 없는 일이기 때문에 "자금이 없어 할 수 없으니 죄송하다"하고 헤어졌다.

도마선교센터 세 번째 고아원이 띠르뻐드러시에 있고 60명이 입양되어 있는데 코코넛(야자수) 잎으로 건축하였다. 비가 오면 비가 새고 뱀, 전갈, 쥐, 바퀴벌레가 들어와서 아이들 고생이 이만저만이 아니었다. 그런 환경 속에서도 아이들은 행복하게 생활하고 있었다. 밥 세 끼 먹을 수 있고 학교 가서 공부할 수 있는 그것이 그들에게는 천국의 생활이었다.

그 곳을 순회하기 위하여 2006년 3월에 갔는데 그 때 70대쯤 되어 보이는 분이 오셨는데 그분은 힌두인인데 인도에서 의과대학을 졸업하고 미국 캘리포니아에 가서 병원을 개원하여 돈을 많이 번 백만장자였다. 미국에서 예수님을 영접하고 신앙이 독실한 사람으로서 나이가 많아서 미국 생활을 정리하고 인도로 다시 와서 1년 후 자식 하나 낳지를 못하고 사모님이 소천하셨다. 사모님은 소천하면서 학원선교를 위하여 재산을 사용해 달라는 유언을 남겼다. 닥터 데이빗은 하루에 3시간 이상 성경을 보며 기도하는 사람이었다. 영감이 충만하여 목사이상으로 설교가 탁월하였으며 많은 사람을 구제하고 교회들을 많이 돕고 있었다.

어느날 닥터 데이빗이 우리 고아원에 찾아 와서 열악한 환경을 보고 그때 4만 불을 들어서 철근 콘크리트 건물로 아름답게 고아원을 건축하여 주셨다. 7월에 헌당예배를 드리기 위하여 갔는데 닥터 데이빗이 와서 헌당예배를 함께 드리고 자기 집으로 초대를 해 주셨다. 제게 기도를 부탁하셔서 기도를 해 드렸더니 봉투를 하나 주셨는데 봉투가 상당히 무게가 나가서 열어보니 인도돈 1랙인데 1랙은 10만 루피였다. 10만 루피는 한국 돈으로 약 2백만 원인데 인도에서는 아주 많은 돈이며, 나에게 무척 큰돈이었다.

닥터 데이빗 부부의 정성과 헌신

닥터 데이빗은 이 큰 돈을 주면서, "목사님께서 인도에 오셔서 인도 영혼을 위하여 헌신하여 주시고 입을 것 못입으시고 먹을 것 잘 못잡수시고 얼마나 희생하며 고생했는지 잘 알고 있습니다. 이 돈은 다른데 사용하지 마시고 사모님과 함께 여행도 하고 좋은 옷도 사 입고 맛있는 음식도 사서 드시고 하시라고 드리는 것이니 그리 아시고 미안하게 생각해서는 안된다."고 하셨다.

저는 그 때 얼마나 위로가 되었는지 말로 다 표현 할 수가 없었다. 내가 인도에 온 꿈이 있는데 학원선교를 위하여 학교를 세워 나와 같이 못 배운 학생들을 돕는 것이 꿈이었다. 이 돈을 마음대로 사용할 수가 없고 모아 두었다가 학교 대지를 구입하는데 사용하겠다고 하였다. 그랬더니 그분이 걱정하지 말라고 하시면서 학교 건축할 수 있는 땅을 사 줄 터이니 적당한 땅이 있으면 사주겠다는 것이었다. 할렐루야! 하나님께서 나의 꿈을 이루어 주시는 순간이었다.

그 후 지역 유지들이 찾아와서 지금 게르만가람 지역에 좋은 땅이 5에이커가 있는데 대리석 공장을 하다가 부도가 나서 경매 처분한다는 것이다. 아주 가격이 싸며 앞으로 이 지역에 공장이 들어오고 주택지가 개발되는데 지금 사면 앞으로 크게 오를 것이라며 권하는 것이었다. 그래서 닥터 데이빗에게 전화를 걸어 학교 세울 좋은 땅이 나왔는데 와서 보시라고 했더니 닥터 데이빗이 땅은 안봐도 되고 송금계좌를 가르쳐 주면 송금하겠다고 하였다. 나는 의아한 마음으로 왜 학교를 세울 땅을 보지 않느냐고 하니, "땅을 보고 사주면 그 땅을 볼 때마다 내가 사 준 땅이라는 생각이 들터인데 그렇게 되면 하나님 앞에서 얼마나 부끄러운 일이 되겠느냐"라고 하였다. 할 수 없이 은행계좌를 알려드렸더니 땅을 구입할 수 있는 돈을 보내 주셔서 그 땅을 계약하고 살 수 있게 된 것이다. 이름도 빛도 없이 오른손이 하는 일을 왼손이 모르게 해 주신 것이다. 이래서 꿈에도 그리던 학교법인 인디아 도마학원 도마사립학교가 세워지게 된 것이다.

2007년 3월 5일 드디어 도마사립학교 기공예배를 드리다

학교 세울 땅은 기증 받았지만 건축비는 10원도 준비가 되어 있지 않았다. 자녀들의 도움으로 1년여 만에 교실 5개를 건축할 수가 있었고 우선 유치원부터 시작을 하였다. 유치원을 개원하였을 때 얼마나 기뻤는지 말로 다 표현할 수가 없었다. 한국에서 단기 선교팀이 많이 오시게 되고 학교를 돌아보시고 감격스럽게 생각하면서 교실 한 칸 짓기 운동이 시작되고 한 칸 한 칸 교실이 건축되기 시작하였다.

연건평 2천 평 건물을 건축할 때는 건축비가 없어서 10여 번 중단된 어려운 중에서도 기도, 격려, 그리고 후원하여 주심으로 10년의 세월에 공사를 마쳤다. 이 모든 것이 하나님의 은혜이며 기도와 헌신으로 이루어진 값진 결과임을 고백한다.

CHAPTER 16

인도에서 일어난
몇 가지 어려운 사건들

나는 인도에 올 때 모든 것 내려놓고 자녀를 고학생으로 만들었다. 오직 인도에 와서 고아원을 세워 불쌍한 아이들을 자식 같이 생각하고 먹이고 입히고 공부를 시켜 주었다. 이들 중 뛰어난 아이들을 목사로 만들어 인도 복음화를 위하여 헌신할 수 있도록 하려는 꿈을 가지고 있었다.

아이들을 신학교까지 공부시켜 목사가 되는 것을 보람으로 생각하여 양육하였으나 모든 것이 나의 뜻대로 되지 아니하여 속이 상할 때가 많이 있었다. 어렵고 힘들게 키워 놓으면 소식도 없이 고맙다는 인사도 없이 야간 도주하는 자가 있는가 하면 집을 비워두면 자물쇠를 열고 물건을 훔쳐 가는 자도 있었다. 목사가 되게 하고 교회를 건축하여 주고 보살펴 주었는데 매달 생활비만 받고 수개 월 간 목회를 하지 않고 예배를 드리지 않고 방치하여 교회가 문을 닫는 경우도 있었다. 그것을 알고 교회를 수습하고 다른 목사를 보내어 교회를 정상적으로 회복한 곳도 3개 교회 정도가 된다.

십수 년간 공부시켜 주고 키워 주었는데 배신한 자도 있으며 잘못이 있어서 목회자를 바꾸면 제일 먼저 찾아가는 곳이 경찰서이다. 경찰서에서 조사 받으러 간 적도 몇 번 있었다. 그럴 때마다 마음에 깊은 상처를 받고 좌절할 때도 많이 있었으나 예수님께서도 12제자 중에 가룟유다가 있었는데 나는 거기에 비하면 아무것도 아니라는 생각을 하며 위로 받곤 하였다. 한국교회의 도움으로 인도에 161개 처 교회를 개척하면서 별일들이 많이 있었으나 하나님의 은혜로 모든 교회들이 지금은 정상적으로 부흥되고 있음을 감사한다.

선교 현장의 겉모습이 전부는 아니다

정말 선교사가 선교지에서 얼마나 힘든지 어디 가서 호소할 데도 없고 알아주는 사람도 없다. 선교사가 한 번만 실수하면 선교사를 매도하여 선교비를 연락 없이 중단하여 어려움을 당할 때가 참으로 많았다. 그때마다 갑질을 당하는 기분으로 밤잠을 설치면서 '왜 내가 선교사로 왔던가' 하는 후회를 하면서 몸부림칠 때가 한두 번이 아니었다.

한국교회에서 단기선교를 1년에 몇 번씩 방문하면서 선교지를 너무나 잘 알고 있다고 하지만 1년에 몇 번이라도, 한 번 방문할 때 10

일 안팎이다. 그것 가지고 선교지 사정을 잘 안다고 하는 것은 아주 잘못된 생각과 판단이다. 선교지에서 1년이라도 가서 한번 살아보면 선교지가 얼마나 힘들고 어려운지 얼마나 외롭고 고달픈지 조금은 알 수 있으나 깊은 속까지는 모르는 것이다. 선교지를 잘 안다고 하면서 선교사가 조금만 잘못하면 용서하지 않고 매도하여 선교비를 중단하여 선교지에서 어려움을 당하고 있는 현실을 직시하여야 할 것이다.

나는 28년을 인도에서 지내면서 죽을 뻔도 하였고 추방을 당할 뻔도 하였다. 경찰서에 고발을 당하여 몇 차례나 경찰서에 가 본적이 있다. 그럴 때마다 피를 토하는 것 같은 아픔 속에서 모든 것을 참고 견뎌야만 했다. 견디고 나간다는 것이 보통 어렵고 힘든 일이 아니었다. 하나님의 도우심으로 지금껏 사명을 감당할 수 있었다.

CHAPTER **17**

꼬디갈리센터에서
게르만가람센터로 이전하다
좁은 공간에서 넓은 공간으로

28년 전 인도에 와서 사역을 시작할 때, 찾아오는 사람도 없었고 선교비를 보내주는 교회나 개인도 없었다. 코코넛(야자수)잎으로 움막을 지어 12명의 고아원생과 함께 생활하면서 야곱이 벧엘 광야에서 뭇별을 바라보면서 찬 이슬을 맞으며 돌을 베개 하고 잠을 잘때 얼마나 고적하고 외로웠겠는가? 그러한 가운데 천사가 만나 주리라 꿈에도 생각하였겠는가?

상상도 할 수 없는 깊은 밤에 하늘 문이 열리고 천사가 오르락내리락하는 광경을 보았던 야곱과 같이 양 사방이 보이지 않는 캄캄한 밤하늘만 보이는데 왜 그렇게 하늘이 맑고 별들이 총총한지. 북두칠성 삼성이 머리 위에 얼마나 밝게 빛나는지. 그 뭇별을 바라보면서 외로움과 고적함에 아이들과 함께 '해는 져서 어두운데 찾아오는 사람 없어 밝은 달만 바라보니 외롭기 한이 없네' 이 노래를 참으로 많이 불렀다.

누가 내일 일을 알 수 있으며, 도마선교센터가 오늘날과 같이 이렇게 성장하고 발전할 줄을 누가 감히 예측이나 하였겠는가. 내 한 몸도 제대로 지탱할 수가 없고 앞날을 생각하면 하늘이 노랗고 땅이 파란 듯 하였다. 하루에 겨우 3시간 정도 자면서 교통사고 후유증으로 육신은 고통을 당하고 만신창이가 되었는데 그 누가 알아주는 사람이 있었겠는가. 그러나 야곱에게 찾아오신 살아 계신 하나님께서 나에게 찾아와 주시고 위로와 격려를 해 주셨다.

하나님의 격려와 위로속에 매일 고아원 아이들과 행복하게 모든 것을 잊고 즐거운 마음으로 살아올 수가 있었다. 지금 생각하면 하나님께서 연단과 훈련을 시켜 주심을 믿고 그저 감사할 뿐이다. 내가 꼬디갈리에 처음와서 마을을 다니며 동리 아이들과 같이 놀아주며 찬송과 율동을 가르쳐준 아이들이 지금은 다 결혼하고 청년이 되었으니 지금도 만나면 아버지라 부르며 반겨주는 모습을 바라보며 얼마나 보람을 느끼는지 알 수가 없다.

배신과 역경을 통한 인내와 연단

그러나 정반대로 나를 몹시 괴롭힌 자들도 적지 않음을 생각하면 나의 부족으로 알고 내 자신을 돌아보는 계기가 되었음에 감사를 드린다. 꼬디갈리 땅을 살 때 절대 농지였고 외국사람은 땅을 살 수가 없어 인도 목사 3사람 이름으로 땅을 산 것이 그 후에 이일로 인하여 큰 고통을 당하리라 상상도 못하였다. 꼬디갈리는 제 혼이 있고 전부가 있는 곳이었기 때문에 그 곳은 영원히 잊을 수 없는 곳이었다.

10년 전에 닥터 데이비드를 통하여 게르만가람 지역에 땅을 사서 학교를 시작하면서 언젠가 센터를 넓은 학교로 옮길려고 생각하고 살 집을 짓고 살림도 절반 정도 옮기고 일주일에 절반은 꼬디갈리에서 절반은 학교에서 살았다.

그러던 중 행인지 불행인지 꼬디갈리 지역에 인도 정부에서 공단을 조성하게 되고 정부에서 인근 모든 땅을 사들이고 미국에 쉘 컴퍼니가 공장을 짓기 시작했다. 인도 전역에서 수천 명이 일을 하기 위하여 모여들고 부동산 투기가 일어나고 땅값이 계속 오르기 시작하였다. 그렇게 못살던 마을들이 땅을 팔아 고급 주택을 건축하고 좋은 차를 사고 범죄 사건, 살인 사건, 강도 도적이 들끓고 술집이 생기고 갑자기 졸부가 된 주민들이 막 살아가는 살벌한 지역으로 변하기 시작했다.

덩달아 꼬디갈리 도마선교센터도 땅값이 오르기 시작하자 처음 살 때 3사람 이름인데 그 중 한 사람인 존슨 목사는 한결같이 변함없이 지금까지 나를 도우며 도마선교센터 모든 행정을 담당하고 있다. 한 분은 에녹 목사인데 우리 신학교 부총장도 하면서 협력하다가 5년 전에 소천하였다. 나머지 한 사람은 처음부터 불성실 하였으며 나를 많이 힘들게 하였다.

　이 목사가 땅값이 오르자 찾아 와서 3분의 1이 자기 것이니 돈을 내놓으라고 공갈 협박을 하기 시작하였다. 땅을 살 때 돈 10루피 땅 값도 보탠 것이 없는데 왜 달라고 하느냐 하니까 자기 이름이 있으 니까 자기 것이기 때문에 내 놓으라고 억지소리를 하면서 저를 검찰 청에 고발하기 시작하였다. 해당 경찰서에서 저와 친밀한 관계가 있 으므로 나를 많이 도와 주었다.

　하지만 다니엘 목사가 검찰청에 직접가서 체포하라고 탄원을 하 게 된 것이다. 나도 변호사를 선임하여 8번이나 검찰청에서 출두하 라는 명령을 받았으나 가지 않고 변호사를 보내어 항변을 하였다. 가해자 측에서 죽기 살기로 검찰청에 가서 계속 고발을 하였다. 검 찰에 출석하지 않으면 강제로 체포할 터이니 속히 검찰로 오라는 통 보서를 받고 해당 경찰서 담당자에게 연락하였다. 담당 경찰 간부가 투 스타인데 그를 찾아가서 검찰에 출두해야 하는데 어떻게 하면 좋 겠느냐고 상의를 했다. 그 담당 경찰은 내가 평소에 잘 아는 분으로 한 가지 방법을 제안해 주었다. 그것은 속히 벨을 신청하라는 것이 었다. 벨은 구속하지 않고 불구속으로 집에 있으면서 조사를 받는 것이다. 이렇게 조사를 받는다는 것이 쉬운 일이 아니었다. 그 때 검 찰청에 내가 아는 분이 속히 합의를 보는 것이 좋겠다고 하면서 앞 으로 계속 고발을 당하게 되면 쉽지 않고 땅 값 몇 배를 주어도 안되 니 해결을 보자는 것이었다. 그런 가운데 다니엘 목사가 세무서에 진정서를 넣어 15년간 세무 사찰을 받게 된 것이다.

세무서에서 6명이 와서 모든 문서 금전 출납부 등을 압수하여 갔 다. 빌딩을 건축한 자금 출처를 조사하기 시작했다. 선교사가 자금 출처 조사를 당하면 피하기가 어렵다. 인도는 외국에서 자금이 오 는 것을 근본적으로 차단하고 있었다. 자금이 들어 올 때는 합법적 으로 들어와야 하며 그렇게 하면 인도 정부의 허가를 받고 정당한 세금을 내어야 되는데 선교사는 그렇게 할 수가 없는 상황이었다. 일이 잘못되면 학교가 넘어가게 되고, 선교지에서 추방을 당할 위 기에 처하게 되었다. 할 수 없이 경찰서장과 의논하여 꼬디갈리를 정리하기로 했다., 2013년 도마선교센터는 학교를 완전히 이전하 게 되었고 꼬디갈리는 포기하게 되었다. 참으로 가슴 아픈 일이며 땅을 치며 통곡하여 보았으나 나의 힘으로는 도저히 어찌 할 수가 없었다. 꼬디갈리 지역이 차라리 발전하지 않았다면 하는 생각도 해 보았다.

이제부터 꼬디갈리는 아예 없었던 것으로 마음 편하게 생각하며 살려고 한다. 많은 선교사들이 현지에서 나와 같은 일을 당하는 경우가 많이 있을 것이다. 하나님께서 나의 꿈을 이루어 주시기 위하여 게르만가람 5에이커 대지를 주셨고 꼬디갈리보다 더 큰 2,000평의 건물을 허락하여 주셨고 학생들이 마음껏 뛰놀며 공부할 수 있는 공간도 허락하여 주셨다. 도마사립학교는 크리스천 학교로서의 사명을 감당하게 될 것이다.

매주 월요일 아침예배는 1시간 동안 찬양과 경배 말씀으로 학생들이 예배를 드린다. 학생들의 92퍼센트가 힌두인과 회교 자녀들로서 맨 처음은 힘들고 어려웠지만 지금 예배는 은혜가 넘친다. 매일 아침 수업 전 운동장에 모여 조회 및 예배를 드리며 오후에 수업을 마치면 운동장에 모여 15분간 예배를 드린 후 집으로 가게 된다. 앞으로 10년, 20년 후에는 도마선교센터 출신들이 인도와 세계를 리드하며 예수님의 제자가 될 것을 확실히 믿어 의심치 않는다. 본교에서 1시간 정도 가면 파라고데 분교가 있는데 대지 3,600평에 200명의 학생이 교육을 받고 있다. 현재 교실 6칸을 건축하였는데 앞으로 계속 확장을 해야 할 상황이며 건축비가 필요한 상황이다. 주께서 필요한 모든 것을 은혜가운데 공급해 주실 줄로 믿는다.

또한 뱅갈루루 시내 아쇼카 네거리 회교 마을에 학교를 세워 회교 선교를 하고 있다. 시작할 때 애로가 많이 있었으나 지금은 아무런 문제없이 회교 자녀들 250여 명이 기독교 교육을 받고 있다. 고아원을 통하여 교회를 통하여 한센인 센터를 통하여 시각장애인 쉼터를 통하여 인도에 복음이 전파되고 있다.

선교 현장을 위한 이해와 관용의 마음

선교지는 정말 힘들고 어려운 일들이 너무나 많이 있다. 언어와 인종과 문화를 초월하여 복음을 증거하는 일이 쉽지 않은 일이다. 그러나 그 많은 어려움에도 불구하고 꼭 선교를 해야 하는 이유는, 우리 주님의 지상명령이기 때문이다. 하나님은 모든 사람이 구원을 받으며 진리에 이르시기를 원하고 계시다. 주님은 온 천하에 다니며 만민에게 복음을 증거하라고 하셨다. 주님의 지상명령에 순종하여 50 중반의 나이에 모든 것을 내려놓고 순종하여 인도에 왔더니, 하나님께서 앞서 행하여 주시고 인도해 주셔서 이러한 사역의 열매들이 맺히게 되어 참으로 감사하다.

선교지에서 때때로 사역하다 보면, 오해를 많이 받게 된다. 이해와 사랑과 관용으로 선교사들을 바라보고 기도해 준다면 선교사들이 큰 힘을 얻을 것이다. 대부분의 교회들이 선교지의 어려움과 사정을 제대로 이해하지 못하고 사사로운 것으로 오해하여 선교비를 중단해 버리는 경우가 종종있다. 문제가 있으면, 제대로 정확히 알아보고 오해 보다는 이해의 마음으로 그 문제를 해결하려고 노력하면 좋은 결실이 있을 텐데, 무슨 오해와 문제가 생기면 사전에 말 한마디 없이 후원비를 중단해 버린다. 일년도 채우지 못하고 선교비가 중단됨으로 인해서 선교지에 있는 선교사들이 참으로 많은 어려움에 봉착하게 된다는 것을 후방에 계신 목회자들과 성도들이 알아 주었으면 하는 바램이 있다.

오늘을 살아가는 분들이 모든 부분에서 어렵고 힘든 위기라고 말하고 있다. 위기라고 힘든다고 멈추면 영원히 발전할 수가 없다. 어렵기 때문에 힘들기 때문에 위기가 위대한 기회가 될 수 있다. 힘들다고 주저앉아 있는 것이 아니라, 믿음을 가지고 일어서서 힘차게 내일을 향해 달려 나가야 한다. 선교는 하나님 나라의 확장을 위한 하나님의 소원이기에 힘을 모으고 뜻을 모아야 한다. 우리가 힘을 합칠 때 분명 하나님의 기적적인 역사가 나타날 것이다. 선교지는 때때로 정말 힘들고 지쳐 쓰러질 때가 많다. 너무 어렵고 힘들어 포기하고 싶을 때도 있다. 그러나 나는 멈출 수 없고 주저 앉아 있을 수가 없기에 마음을 추스린다. 오늘도 낙심하지 않고 내일을 향하여 지친 몸 이끌고 주님께서 맡기신 사명을 따라 목표를 향해 달려가고 있다.

다음 세대를 위한 여호수아를 기다리며

우리 도마선교센터는 함께 할 동역자가 너무 많이 필요하고 후원도 많이 절실하다. 여러분들의 도움의 손길이 너무나 필요하다. 아직 남은 공사도 마무리 해야 하고 신학교와 어학연수원 그리고 국제학교와 대안학교를 완전히 맡아 운영하여 주실 분들이 너무나 필요하다. 나는 53세에 인도에 가서 지금 81세가 되었다.

모세가 죽자 여호수아가 대신하여 이스라엘 민족을 가나안 복지로 인도하였던 것처럼 나에게도 우리 도마센터에도 여호수아처럼 도마선교센터를 든든히 세워 주실 분이 필요하다. 여러분들의 적극적인 기도와 후원을 부탁드린다. 나의 나 된 것이 하나님의 은혜며, 도마선교센터를 통해서 역사하신 하나님께 존귀와 영광을 올려 드리며 도와 주신 모든 분들께 마음으로 깊이 감사를 드린다.

CHAPTER 18

도마크리스천 사립학교 사역과
기독교 교육의 목표

    나는 인도에 갈 때 인도에 나의 뼈를 묻는 다는 각오로 갔고 지금도 그 마음에는 변함이 없다. 이러한 마음을 확고히 하기 위하여 인도도마선교센터 안에 내가 묻힐 가 무덤까지 준비한 상태에 있다.

    도마크리스천 사립학교는 다음 세대에 예수님의 제자를 양성할 목적으로 설립이 되었기 때문에 공사할 때 십자가부터 먼저 세웠다. 학교가 설립된 이후에는 전체 학생들이 참여할 수 있는 예배를 드리기 시작했다. 우리학교는 92%가 힌두인자녀 내지는 회교자녀들로 이러한 학생들을 데리고 예배를 드린다는 것이 쉬운일이 아니었다. 처음 예배를 드릴 때 모든 학생들이 강한 거부반응을 보였다. 찬양을 따라하지도 않고 기도시간에는 눈을 뜨고 기도를 하지 않았으며 설교시간에는 듣지 않고 소란을 피웠다. 힌두 사원이나 회교 사원에서 자기들의 예배에 익숙해 있던 학생들이 기독교식 예배를 드린다는 것이 쉽지가 않았다.

모든 학생들이 함께 참석하였고 선생님들이 학생들을 단속하고 얼차려를 주니까 마지못해서 학생들이 따라서 하는 것이었다. 그러던 것이 한 주가 지

기독교 교육

나고 한 달이 지나고 날이 갈수록 예배 분위기가 달라지기 시작하였다. 시간이 지남에 따라 학생들이 몰라보게 달라지게 되었다.

이것을 아는 부모들이 그냥 있지를 않았다. 하루는 예배시간에 정문에서 소란한 소리가 들려서 존슨목사와 같이 가보니 학부형들이 모여서 왜 우리 자녀들에게 찬송을 가르치고 성경을 가르쳐 예수를 믿게 하느냐고 항의를 하였다. 나는 다음과 같이 그들에게 말하였다.

"우리 학교는 크리스찬 학교이다. 여러분의 자녀들에게 예수 믿으라고 교회에 나가라고 강요 하지 않는다. 하나님의 말씀을 가르치고 차세대 훌륭한 사람으로 성장하도록 책임감을 가지고 가르치고 있다. 우리학교가 비록 말씀을 학생들에게 가르치지만 여러분과 여

러분의 자녀들이 교회가든 안 가든 그것은 여러분의 자유이다. 우리 학교의 교육이념에 동의하지 않는다면 다른학교로 자녀들을 전학시켜도 된다. 우리는 1명의 학생이 온다고 해도 예배를 중단하거나 크리스찬 교육을 중단할 수가 없다. 학부형 여러분들의 의사에 맡기겠다."고 하였다. 그리고 모인 학부형들을 해산시켰다. 지금까지 한번도 예배를 중단한 적이 없고, 크리스찬 교육을 등한히 한 적이 없다.

신앙교육의 보람을 맛보는 경우

우리학생들은 아주 밝고 명랑하다. 인사도 잘하고 신앙생활도 잘 하는 학생들이 많아지고 있다. 채플 담당인 임미혜 목사님은 사명감으로 무장하여 찬양과 율동 등으로 예배시간에 학생들을 사로잡고 있다. 너무 은혜스럽고 재미있게 지도하기 때문에 학생들 사이에서 인기가 대단하다. 학생들은 이제는 하나님의 말씀과 성경이 눈에 들어오기 시작한다고 한다. 참으로 귀한 일이다.

선생님들도 모두가 참석하여 예배를 드린다. 교직원 가운데 힌두인, 회교인도 있다. 이들은 예배를 통하여 예수님을 영접하고 신앙생활을 하는 선생도 많아지게 되었다. 그 중에서도 지독한 힌두선생인 나르마다는 유치원 교사인데 임미혜 목사님을 잘 따르고 신앙생활을 잘 하고 있다. 나르마다는 매일 아침 수업 전에 꼭 나의 사무실에 찾아와서 "아버지 안녕하십니까?" 하고 아침인사를 한다. 얼마나 예쁜지 말로 표현할 수가 없다. 나르마다는 인도 전통의상인

사리를 매일 학교 올 때 마다 새 것으로 갈아입고 아름답게 단장하여 학교에 온다. 나르마다가 오면 사무실과 학교가 환해 지는 것을 느낀다. 임미혜 목사님이 나르마다를 수양딸로 삼고 믿음으로 잘 보살펴 주고 있다. 참으로 감사한 일이다. 나르마다는 학교가 코로나로 1년 반 정도 문을 닫고 있기 때문에 전도의 사명을 받아 조그마한 집에 방과후 학교를 개설하였다. 약 20명의 학생들을 오후 5시부터 7시까지 돌보고 있다. 모두가 힌두인들인데 영어를 가르치고 성경을 가르치고 찬양을 가르치고 기도를 가르치고 있다. 학생들이 너무 좋아하고 예수님을 영접하고 기쁘게 생활하고 있다. 코로나로 인하여 인도에 못가고 있는 상황속에서 나르마다는 학생들과 함께 열심히 기도하고 있다고 하면서 사진을 찍어 카톡으로 소식을 전해 주고 있다.

나르마다 선생의 모든 가족은 지독한 힌두인이다. 예수 믿는다고 가족에게 핍박을 당하고 있다. 그럼에도 불구하고 나르마다는 자신의 신앙을 굳건히 지켜 나가고 있다. 나르마다는 재능이 많다. 카톡으로 사진과 글도 아주 잘 만든다. 새벽 4시경에 일어나서 새벽기도를 매일 드리고 있다. 매일 한국시간 6시 30분에서 7시 사이에 꼭 카톡으로 나에게 소식을 전해 온다. 보통 정성이 아니면 할 수 없는 일이다. 예쁘고 믿음도 좋고 한국에 좋은 신랑감이 있으면 결혼시켜 한국으로 데리고 오고 싶은 마음도 든다. 기도하실 때 나르마다 선생의 가족이 구원을 받고, 인도를 구원하는데 쓰임받을 수 있도록 기도해 주기를 바란다.

도마선교센터의 학교사역의 위기 극복을 위한 과제들

학교사역은 너무나 중요한 사역이다. 한국도 과거에 전쟁을 통하여 폐허가 되고 세계에서 가장 가난한 나라였다. 먹을 것이 없어서 산에 가서 송진을 벗겨서 떡을 해 먹고 풀뿌리를 먹고 연명했다. 시레기로 죽을 쑤어 먹으며 허기진 배를 채웠고 거리에는 거지들이 참으로 많았다. 이렇게 못살고 가난한 나라 한국에 하나님께서는 선교사들을 보내어 주셨다. 한국에 오신 선교사들은 한국의 비참한 현실을 보고 참으로 안타깝게 생각을 하고 자신의 몸과 같이 사랑하고 보호하여 주었다. 고아원을 세워서 전쟁고아들을 돌보고 학교를 많이 세워서 크리스찬 인재를 양성하였으며 그 학교를 통하여 복음을 증거하였다. 학교사역을 통하여 한국은 놀라운 모습으로 변화되기 시작하였다.

학교사역은 너무나 중요한 사역이라고 생각을 한다. 그래서 도마선교센터는 학원선교를 통하여 다음세대를 키우기 위하여 학교를 세워 학원선교를 하고 있는 것이다. 학교는 1명이 10명이 될 수가 있고 10명이 100명이 될 수 있고 100명이 천명이 될 수도 있다.

하나님께서는 우리 도마학교를 통하여 큰 역사를 이루어 주셨다. 학교사역을 통하여 수 많은 학생들이 예수를 구주와 주님으로 영접하여 크리스찬 인재로서 성장을 하였다, 수 많은 주의 종들이 배출될 수 있었다. 지금까지 이렇게 사역을 지속해 올 수 있었던 것도 하나님의 크신 은혜였다.

상상할 수도 없는 코로나가 갑자기 닥쳐서 전 학교가 문을 닫은지

현재 도마사립학교의 모습

1년 하고도 6개월이 되어가고 있다. 많은 학교가 재정적인 부담을 견디지 못하고 학교의 문을 닫았다. 지금도 폐교되는 학교는 늘어만 가고 있다. 인도는 사립학교에게 정부에서 1루피도 후원을 하지 않는다. 철저히 사립학교는 그들의 노력으로 재정적 자립을 이루어 내야 한다. 인도정부는 사립학교를 도와주는 대신에 오히려, 세금, 지방세, 등 많은 돈을 거두어 가면서 아무런 혜택도 주지 않고 있기 때문에 학교를 운영함에 있어서 큰 어려움을 당하고 있다.

도마학교는 시골에 있기 때문에 천민들이 많이 학교에 다니고 있다. 이들은 등록금을 전부 내면서 학교에 다닐 형편이 못 된다. 우리 학교는 선교가 목적이기에 등록금을 다른 사립학교와 같이 받지를 못하고 있다. 학생 전체의 절반은 등록금을 내고 절반은 등록금을 내지 않고 있다. 그렇기 때문에 매달 운영에 어려움이 많이 있다. 그러던 중에 코로나로 인하여 학교문을 닫고 있는 상황이다. 수입은 1루피도 없고 매달 선생님들의 월급은 주어야 하기에 은행의 돈을 빌려서 교직원들의 월급을 주고 경비를 충당하고 있다. 금년 연말까지 개학하지 않으면 큰 어려움에 직면하게 된다. 인도 델타변이로 상황이 많이 어려워지고 있다. 도마학교가 속히 정상화가 될 수 있도록 기도를 부탁드린다.

CHAPTER **19**

뜻하지 않은 성대한
팔순 잔칫상을 받았다

2020년도는 코로나가 전세계에 창궐하여 많은 어려움이 있었다. 기억하고 싶지 않은 비극의 시대라고 할 수 있다. 내가 인도에 간 지 28년, 내 나이 80되는 해가 2020년이었다. 옛날 같으면 70 고희라고 했는데 지금은 70이 보통 나이라는 생각이 든다. 80세까지 인도에서 사역을 하고 있으니 참으로 하나님의 크신 은혜이다. 나의 주변에는 80이 넘은 나이에도 선교의 현장에서 일하는 분들이 많이 있다. 인도만 해도 나보다 나이가 많은 선교사가 10명이 넘는다. 나이를 초월하여 젊은이 못지않게 죽으면 죽으리라의 각오로 몸바쳐 선교사역에 헌신하고 계시다. 한국에 있으면 팔순 잔치한다고 자녀들이 힘들텐데 나는 자녀들에게 팔순 잔치는 하지 않을 것이니 신경쓰지 말라고 하였고 별관심도 없었다.

고아원 아들들이 그들의 자녀들과 함께
성대한 80잔치를 마련해 주었다.

그런데 인도 우리 고아원 출신들 가운데 목사가 된 아들들이 여러 분야에서 종사하고 있다. 하나님께서 영적으로 맺어주신 아들들이 팔순잔치를 하기 위하여 모여서 의논한다는 소식을 들었다. 나는 코로나의 상황속에서 팔순 잔치를 하지 않겠다고 잘라서 말하였다. 그리고 잊어버린 채 있었다.

지난 5월 12일 토요일 새벽부터 집 앞이 시끄럽고 부산스러워 밖으로 나가 보았다. 놀랍게도 고아원 출신들의 아들들이 많이 와서 마당에 음식을 준비하고 자기들도 몇 년 만에 연락하여 서로 만나 반갑게 인사를 나누고 있었다. 몇몇의 아들들은 자신들의 자녀들까지 데리고 와서 정말 큰 잔치가 벌어졌다. 그때 참석한 가족이 백 명이 넘었다. 임미혜 목사님께서 우리 부부에게 인도 전통의상을 선물로 주었다. 이 전통의상은 마이솔 왕궁에서 왕이 입는 전통의상이었다.

팔순잔치

인도에 가서 언젠가는 한번 입어봐야 되겠다고 생각을 했는데 섬세하신 임미혜 목사님께서 백화점에 가서 최고급 전통의상을 사와서 선물로 주었다. 그 옷을 입으니 인도 마이솔 임금이 된 기분이었다. 축제 속에서 고아원 출신들의 가족들이 찬양을 하고 그룹끼리 모여서 특송을 하고 존슨 목사가 설교를 하였다. 한국에서보다 더 성대하고 은혜로운 팔순잔치를 열게 되었다. 모두가 모처럼 만에 만나서 반가워 떠들며 교제하다가 오후 늦게야 모두 집으로 돌아갔다.

외국 사람을 통하여 인도에 코로나가 들어왔다고 외국 사람을 학대하고 떠날 것을 강요하였다. 그렇게 서로 잘 지내었는데 코로나의 영향으로 민심이 강팍해 지고 보아도 인사조차 하지 않았다. 인도에 코로나가 점점 심각해 지고 더 이상 있을 수가 없어서 급히 한국으로 돌아오게 되었다. 그후 인도는 하루에 40만 명 이상이 감염이 되

팔순잔치

팔순잔치

었고 만 명 이상이 죽은 끔찍한 사태가 발생하였다. 봉쇄령이 전국

적으로 내려져 움직일 수 없는 상태가 되었다.

인도에 있어도 코로나로 인해서 사역을 할 수가 없고 댈리에 있는 한국 선교사가 코로나로 사망하였다. 한국 정부에서는 인도에 코로나가 심해지자 자국민들은 모두 한국으로 귀국하라는 공문을 발송하였다. 선교사와 자국민들이 거의 다 한국으로 귀국하였고 인도 전역에는 몇몇의 선교사만 남아 있는 상황이다.

도마선교센터는 고아원 출신 목회자들이 각 분야에서 열심히 사역하고 있기 때문에 코로나의 상황속에서도 사역은 계속되고 있다. 매일 전화와 카톡으로 서로 연락하며 사역을 점검하고 있다.

CHAPTER **20**

코로나 덕분에 한국에서 안식년 다시 인도에 갈 준비를 하며

1994년 인도로 부르심을 받을 때에 내 나이 53세였다. 인도로 부르심을 받고 혼자 낯설고 물설은 인도땅 뱅갈로르에 가서 집을 세얻어 사역을 시작하였다. 지금도 그렇지만 그때 당시에도 42세 이상되면 총회에서 인준한 정식선교사로 파송을 하지 않기 때문에 총회 선교사로 파송받지 못했다. 내가 개척하여 섬기던 성림교회에서 선교사로 파송하는 것으로 하고 노회에서 간단한 선교사 파송예배를 드린 후에 인도로 왔다. 정식 선교사로 파송된 것도 아니고 후원교회를 모집하여 온 것도 아니기에 정규적으로 지원되는 월 선교비 한푼도 없이 무작정 인도로 온 것이다. 재정적 대책이 없이 인도로 왔기에 사역하는 것이 참으로 힘들고 어려웠다. 재정적 지원이 없으니, 스트레스 받는 일이 참으로 많았다.

나를 만나는 선교사들마다, 한다는 소리가 "나이가 그렇게 많은데 왜 오셨는가요?" "1년도 못 버티고 갈 것인데 무엇하러 오셨습니까?" "선교가 말처럼 그렇게 쉬운 줄 아십니까?"

나이 든 선교사를 위로하기는커녕 만나는 선교사들 중 여러분이 이런 멸시와 천대에 가까운 말로 나를 힘들게 하였다. 내가 53세 늦은 나이에 선교를 갔기에 그들의 말들이 나를 기죽이게 만들었으나, 한편으로는 틀린 말도 아니었다. 늦은 나이에 언어가 통하지 않고 문화적으로 이질감이 큰 인도에서 새로운 사역을 시작하고 터를 잡는 다는 것이 말처럼 쉬운 일은 아니었다.

간절한 부르짖음에 응답하신 하나님

나의 마음을 상하게 하는 말을 들을 때, 나는 굳게 결심을 하였다. 다른 사람이 5시간 자면서 사역을 하면, 나는 2시간씩 자면서 몇배 더 열심히 사역을 하여 열매를 거둘 것을 다짐하였다. 그 결심이 변치 않기 위하여 새벽 1시에서 2시 사이에 일어나서 하나님앞에 부르짖기 시작하였다. 너무나 큰 소리로 간절히 외치니 우리 고아원 아이들이 우리 아버지는 왜 잠도 자지 않고 주여! 주여! 하는지, 하루도 아니고 계속해서 똑같은 소리로 외치는 소리를 듣고 아이들이 의아하게 생각하였다.

아이들이 생각하기를 아마 힌두템플에서처럼 기도를 녹음해 놓고 반복해서 트는 것이라고 여겼다. 몇몇의 아이들은 진짜로 기도하는 것이라고 주장을 했고, 다른 아이들은 녹음해 놓고 트는 것이라고 주장을 하였다. 서로 자신들의 주장을 놓고 옥신각신 하다가, 그러지 말고 우리가 한번 확인해 보자 하고 새벽 2시 내가 기도하는 시간에 옥상에 올라가서 유리창으로 예배실에서 기도하는 나의 모습을 살펴 보았다. 그들이 보니, 내가 녹음기를 틀어 놓은 것이 아니요, 정말로 주여! 주여! 외치며 간절히 기도하는 모습을 보고 아이들이 너무 놀라고 감동을 받아 그 후 나의 기도 모습을 염탐한 아이들 중에 주의 종들이 많이 배출되었다. 나중에 그들의 간증을 통하여 나의 기도하는 모습이 그 당시에 어떠했는지 알 수 있었다. 잠잘 시간을 아껴 가면서 죽도록 기도하고 닥치는 대로 사역을 하였다.

그때는 하나님을 향한 간절함도 있었지만, 인간적인 오기도 작동하였다. '꼭 젊은 선교사 너희들보다 내가 앞장 서리라', '반드시 보다 나은 사역의 열매를 보여 주리라' '그래서 무식해도 나이가 많아도 할 수 있구나 하는 것을 반드시 보여 주리라' 인간적인 오기로 굳게 결심하고 없는 가운데서 간절히 기도하고 열심히 사역에 정진하였더니 마치 홍해가 갈라지듯이 길이 열리기 시작하였다.

상상을 뛰어넘는 후원자와 도움의 손길을 준비하신 하나님

생각지도 않는 후원자들과 협력자들을 보내 주셔서 도마선교센터가 세워지게 되었고, 고아원이 세워지고 학교가 세워지게 되었다. 우리 도마선교센터에 지금까지 한국에서 단기선교로 약 2천 명 이상이 방문하였다. 해마다 많은 선교팀들이 오다보니 그 선교팀들을 영접하고, 교회헌당예배, 목회자세미나, 부흥회 등 끊임없이 사역을 하다보니 시간이 부족하였고 몸이 아파도 게으름을 피울 수 없었고 자리에 누울 수조차 없었다. 지금까지 아파서 사역을 쉬어 본적이 한번도 없었다. 그 모든 것이 하나님의 은혜로 가능했다. 그렇게 하다보니 하나님께서 함께 해 주셔서 도마선교센터가 크게 성장하고 존경의 대상이 될 수 있었다. 그의 열매로 그를 안다고 하듯이 이렇듯 사역의 열매가 맺히다 보니 나이 많다고, 무식하다고 무시하던 사람들이 다 놀라며 그 후부터는 나를 무시하거나 멸시하지 않았다.

내 나이 이제 81세 고령이다.많은 분들이 나를 걱정하며 이제 나이가 많은데 그만하시고 쉬셔야 하지 않겠습니까 한다. 나는 아직까지 쉴 생각이 전혀 없다. 나이와 관계없이 생명이 다하는 순간까지 최선을 다하는 것이 합당하다고 생각한다. 요즘은 선교사로 오시는 분들 가운데 젊은 사람보다 나이가 드신 70대에 이른 분들이 많이 선교사로 헌신하고 사역지에 온다. 한국에서 은퇴하고 비교적 안정된 생활을 할 수가 있고 자녀 교육에 부담이 없기 때문에 더 사역을 잘하고 계시는 선교사들이 많이 있다.

선교에 늦은 나이는 없다

내가 53세의 나이에 인도에 올 때 나이가 제일 많았지만 지금은 뱅갈로 시내만 나보다 나이가 많은 선교사가 몇 분 계시다. 미국에서 선교사로 오신 분 가운데 나보다 나이가 훨씬 많은 선교사가 계시는데 금년에 85세이다. 얼마나 열심인지 내가 따라 갈 수가 없다. 손수 운전도 하시고 고아원을 세우시고 신학교도 세우시고 참으로 크게 사역을 하고 계시다. 새벽기도회는 새벽 4시부터 얼마나 큰 소리로 기도하시는지 나와는 비교가 되지 않는다. 이분이 세운 고아원이 지금 4개이다. 친자식 같이 원생들을 돌보고 있다. 나와는 아주 친하게 지내고 있다. 나는 선교보고를 하러 개교회에 가면 담임목사님들에게 은퇴하시고 될 수 있으면 선교사로 가라고 권면을 한다.

팔순 잔치를 마치고 난 후 인도에 코로나가 심해져서 한국에 겨우 나왔고 나온 김에 28년간 한 번도 안식년을 갖지 못하였기 때문에 안식년을 보낸다고 생각을 한다. 물론 그 전에도 비자 문제를 해결하기 위하여 한국에 종종 오기는 했지만 지금처럼 한국에 오래 머문 적이 없다. 안식년을 한국에서 보내면서도 매일 전화와 카톡으로 현장사역을 보고 받고, 점검하며 사역을 지시하고 있다.

우리 고아원 출신 목회자들이 선교사들 못지 않게 현장에서 열심히 봉사하며 사역을 감당하고 있다. 비자 문제 및 코로나와 같은 상황속에서 한국선교사 보다는 자국민 사역자가 필요한 시대이다. 인도도 전과 같이 한국선교사가 마음대로 하지를 못한다. 잘못하면 추방을 당하기 때문이다. 자유롭게 사역을 할 수가 없고 활동을 제한받을 때가 많이 있다. 인도정부에서 정책적으로 선교사를 추방하고 있다. 잘못된 것이 발견되면 바로 추방을 당하기 때문에 마음대로 할 수가 없고, 한국 선교사들이 은밀히 숨어서 사역을 하고 있는 경우가 많이 있다.

인도도마선교센터 30년 역사 이야기
인도 고아들의 아버지, 김정구 선교사

인도에는 이제 한국선교사 70%가 추방을 당하고 얼마 남지 않았다. 나 또한 언제 어떻게 될지 모르는 상황이다. 추방의 불안감을 가지고 사역을 하고있다. 인도 뿐만 아니라, 선교지의 많은 곳에서 선교사의 입지가 좁아지고 있고 선교사들이 추방을 당하고 있다. 이러한 때에 가장 좋은 대안은 자국민 사역자를 양성하는 것이다.

자국민 선교사를 배출해야 한다

자국민 선교사는 동질성이 있기 때문에 자유롭게 선교할 수가 있다. 한국교회가 이제는 자국민 선교사 파송에 관심을 가지고 후원을 해야 한다고 생각한다. 한국선교사 한 분 후원할 재정으로 자국민 선교사 5분 이상을 지원할 수 있다. 한국선교사를 후원하여 선교적 열매를 거두는 것보다, 자국민 선교사를 후원하여 거두는 열매가 더 많다는 것이 통계적으로 증명되고 있다.

하나님의 은혜로 도마선교센터의 사역이 확장되고 성장되어 왔다. 고아원 사역을 비롯하여 도마사립학교, 신학교, 한센인센터 및 개척교회 사역 등 모두가 성장하여 많은 사역의 열매를 거두고 있다. 코로나 사태를 맞이하여 가장 큰 문제에 봉착한 것이 도마사립학교이다. 도마사립학교는 크리스천 학교로 세워졌고 선교의 목적으로 시골에 세워졌기 때문에 온전한 등록금을 내는 학생이 절반 밖에 되지 않는다. 코로나가 오기 전에도 매일 적자였는데 코로나가 온 후에 수업을 하지 않기 때문에 1루피도 수입이 없고 선생 월급은 계속 지급되고 있다. 이렇게 계속 지탱한다는 것이 쉬운 일이 아니다.

인도에서 코로나의 여파로 폐쇄된 학교가 통계로 2천 개가 넘는 다고 한다. 인도 총회장 존슨 목사가 열심히 봉사하고 있는데 나와 1주일에 한 번 정도 정기적으로 통화를 한다. 얼마 전 존슨 목사가 학교 문을 닫는 것이 좋을 것 같다고 하였다. 선생들 월급을 계속 지급해야 하고 그 비용을 감당할 수 없으니 폐쇄하자고 하였다. 나 는 단호하게 안된다고 하였다. 어떻게 하든지 운영해야 되며, 하나 님께 맡기고 낙심하지 말고 끝까지 가야 된다고 하였다. 결코 문을 닫을 수가 없다. 그렇게 할 수가 없다. 사람의 힘으로는 감당하기 힘들지만 하나님께서 함께 하시면 능히 감당 할 수 있으리라 믿고 있다.

도마사립학교를 위해 여러분이 간절히 기도해 주시기를 부탁드 린다. 도마사립학교를 통하여 다니엘과 에스더 같은 인재가 배출 될 것이며, 그들을 통하여 인도가 변화될 줄로 믿는다. 코로나로 언제 인도에 다시가서 사명을 감당하게 될지 확실하지는 않지만 인도에 갈 때 하나님께 첫 소명을 받을 때 약속한 것처럼 인도 땅에 뼈를 묻 을 각오로 나아갈 것이다.

현장 선교사의 마지막 당부 말씀

자서전을 출판하면서 마지막으로 써야될지 망설이다가 이 글을 쓰게됨을 송구스럽게 생각하며, 이해를 구하며 마지막 결언을 드립니다. 선교지에서 선교사에게 닥치는 가장 큰 어려움에 대해 말씀드리고자 합니다.

선교에 있어 중요한 것은 선교의 지속성이며, 이는 후원과 직결되어 있습니다. 그러나 이 후원에 뜻하지 않는 문제가 발생할 경우가 있습니다.

후원교회가 담임목사님이 은퇴한다던지 아니면 갑자기 사면하게 되면 선교사들은 모두가 선교후원이 어떻게 될 것인가 긴장하게 됩니다.

새로운 담임목사님이 부임하면 친구나 동기선교사에게 후원하기 위하여 아니면 다른 목적에 의하여 선교후원을 갑자기 중단하는 경우가 많이 있습니다.

제가 28년간 선교를 하면서 수많은 선교사를 만나고 대하는 중에 이런 문제로 인하여 고통을 당하는 선교사를 많이 보게 됩니다.

어떤 선교사는 이 문제로 땅을 치며 통곡하는 선교사, 심지어 선교를 포기하고 그만 두는 선교사, 잠을 이루지 못하고 고통하는 선교사, 갑질 중에 갑질이라고 화를 내는 선교사도 볼 수가 있습니다.

선교지에서 만 원이 얼마나 소중한 지 모릅니다. 만 원 때문에 어려움을 당하는 경우가 많이 있습니다. 저도 그런 경험을 많이 당하면서 지금까지 버텨 왔습니다. 물론 선교사의 과실도 매우 크다고 생각합니다.

그러나 사람의 부족을 뛰어넘어 복음은 선포되어야 하고 하나님의 나라는 확장되어야 합니다. 선교가 중단되어 복음을 외치지 못하는 상황은 결국 하나님의 눈물이 되고 애통이 됩니다.

선교의 전장에서 후방보급이 끊어지면 전쟁은 패배할 수 밖에 없습니다. 인생을 바쳐 나아가는 선교현장의 영적전쟁에서 우리가 하나되어 함께 힘을 합쳐 승리를 일구어가는 것이 중요합니다.

선교지의 아픔을 동역자로서 같은 심정으로 헤아려주신다면 선교사들이 힘을 내어 더 사역을 힘있게 감당할 수가 있을 것입니다. 선교사나 후원하는교회나 공통의 어려움이 있습니다.

선교비로 인하여 마음이 상하거나 선교비로 인하여 선교를 할 수 없는 처지에 이르는 어려움에 봉착하지 말아야 합니다. 최후 승리를 위한 선교 후원의 지속성과 신뢰를 부탁드립니다.

오랜 세월 선교의 동역자로 함께 걸어주신 후원자들의 헌신과 사랑에 다시 감사를 드리며, 부족한 종을 통하여 많은 영혼을 살리도록 인도로 보내시고 주의 일을 감당케 하신 하나님께 모든 영광과 감사를 올려 드립니다.

나는 초등학교도 제대로 졸업하지 못하고 겨우 야간 중학교에 입학하여 공부하였고, 낮에는 직장에 다니고 밤에는 공부를 하면서 성경고등학교를 졸업하였다. 그리고 신학교에 입학하여 목사가 되었고 선교사가 되었다. 제대로 배우지 못한 무식한 자이며 나이도 많고 세상에 무엇하나 내놓을 만한 것이 없는 보잘 것 없는 자이지만, 하나님께서 장중에 붙들어 사용해 주셨다. 여전히 무식하고 부족한 점이 많이 있고 나이도 많지만 한 번도 기가 죽거나 낙심한 적이 없다.

인도갈 때 53세의 나이로 돌아가서 그때의 심정과 사명감으로 앞으로 더 열심히 죽도록 주님 나라의 확장을 위하여 봉사하고자 한다. 그동안 도마선교센터를 위하여 기도하여 주시고 후원하여 주신 모든 분들께 진심으로 감사를 드린다.

이 책을 쓰면서 모든 분들의 헌신을 다 소개하고 싶었으나 그렇게 하지 못함을 송구스럽게 생각한다. 이 책이 나올 수 있도록 기도하며 후원해 주신 모든 분들께 심심한 감사를 드린다.

2021년 9월

제2부

도마선교센터
동역자와 증인들

CHAPTER 01

나의 갈 길 다가도록 예수 인도하시니

조원조 사모

나는 경산 용선면에서 20리 떨어진 대종리라는 작은 시골 마을에서 1녀 3남의 맏딸로 태어났다. 아버지가 일찍 돌아가시면서 어머니는 일월산 기도원에 가서 생활을 하였기에 나는 10살 때부터 교회를 다니며 신앙생활을 하였고, 열다섯 살부터 동생들을 보살피며 살림을 살았다. 나는 어린 나이에 땅 두마지기에 보리도 심고, 감자도 심고 농사를 지으며 기도원에 다니시며 생활하는 어머니를 대신해서 동생들을 보살피며 살았다. 우리 가정은 작은어머니가 전도를 하여 어머니와 우리 형제들도 모두 대종교회를 다니며 신앙생활을 하였다.

나는 열일곱살 때에 옆동네 교회에서 열리는 부흥회에 참석하였다가 말씀에 은혜를 받고, 기도하는 중에 성령체험을 하게 되었다. 나는 은혜를 받은 후에 주일이면 일찍 교회에 가서 예배당 청소를 하고, 교회 마당도 쓸고 봉사를 하였다. 우리 교회는 그 당시에 전도사님이 사역을 하였는데, 나는 전도사님 식사도 준비해서 드리고, 봉사하는 것이 너무 즐겁고, 교회 예배마다 참석하며 은혜를 받고 새벽기도에 나가면서 결혼하기 전까지 새벽에 종을 치게 되었다. 성령체험을 하니 내가 부족한 것을 성령님께서 깨닫게 하시며 지혜를 주시고, 하나님의 말씀도 알게 하시고, 하나님의 말씀도 전할 수 있게 되었다. 나는 어린 나이지만 말씀을 전하는 전도자의 삶을 살기를 기도했다.

아버지가 일찍 돌아가셔서 어머니께서 기도원에 다니며 기도를 하는 중에 하나님께서 어머니를 축복하시겠다는 약속을 받았다고 하셨다. 주님의 은혜로 어머니가 하나님의 축복을 약속 받은 대로 우리 가족은 하나님의 은혜를 입고, 나는 사모가 되었고, 남동생들도 모두 신앙생활을 하며 사는 주님의 은혜가 임했다.

작은어머니께서 우리 집에서 산을 넘어 다른 동네에 사셨는데, 한 청년을 소개시켜 주셨다. 그 청년은 우리 집에서 산을 3개 넘는 먼 동네에 사는 28살 된 김정구 라는 청년이었다. 그 청년은 작은어머니댁에 늘 다니며 식사도 하고 집안일도 도와주곤 하였다. 나는 21살에 결혼을 하여 남편이 다니는 단지교회에 가서 살게 되었다. 김정구전도사님은 신학교를 다니며 스무살 때 단지교회를 개척해서 사역을 하고 있었다. 결혼해서 단지교회에 가보니 교회만 지어져 있고, 사택도 없는 곳이었다. 우리는 이웃 집사님 댁의 부엌도 없는 방을 하나 얻어서 살면서 너무 가난하여 국수로 끼니를 떼울 때가 많았다.

그 후에 우리는 김천에서 조금 떨어진 아포읍에 있는 교회로 가서 새로운 사역을 하게 되었다. 김천에서 조금 떨어진 곳에 시부모님이 살고 계셨고, 우리는 아포읍에 있는 교회에서 사역을 하면서 김정구 전도사님은 학교를 다니며 계속 학업을 하게 되었다. 나는 그곳에서 첫딸을 낳았고, 5년 정도 목회를 하였다. 시댁에 가면 시어머니가 험한 시집살이를 시켜 마음고생을 많이 하였다. 나는 어려서 시집살이가 고달프고 힘이 들었지만, 닭을 키우면서 열심히 살았다. 나는 닭을 잘 키워서 시부모님께 드리고, 새로운 사역지가 생겨 청도에서 좀 떨어진 임당이라는 곳으로 가게 되었다.

임당으로 갈 때, 어느 분이 교회를 짓겠다고 하다가 약속을 지키지 않아 교회도 없는 곳에서 개척을 하고, 아무것도 없는 곳에서 힘들게 사역을 하게 되었다. 나는 둘째를 임신 중에 있었고, 남편은 혼자 모래를 치고, 시멘트를 사서 벽돌을 찍어 교회를 짓기 시작하였고, 공사 마무리는 다른 교회 장로님이 와서 도와주었다. 나는 둘째를 임신하여 고기가 먹고 싶었지만 돈이 없었기에, 쇠뼈를 사다가 푹 고아서 먹고는 하였다. 교회를 다 짓고 3년간 목회를 하다가 울산교회 부목사로 가게 되었다.

울산교회 부목사로 사역을 하고 난 뒤에, 삼남매를 데리고 40세가 되어 목사님과 함께 울산 동구에 성림교회를 개척하였다. 나는 하나님께 기도하면서 환자들을 위해 기도를 많이 하였고, 병든 사람들이 와서 많이 고침을 받았다.

성림교회를 개척한 후에 하나님께서 큰 은혜를 주신 사건이 있다. 우리 교인이 친구와 제사 음식을 먹은 후에 예수 믿지 않은 사람은 죽고, 우리 성도는 병이 들었다. 나는 혼자 그 집에 가서 계속 예배를 드렸다. 찬송을 부르고 기도를 하면 차츰 그 성도의 얼굴에 화색이 돌고 고침을 받아 병이 나았다. 그 후에 그 성도는 여덟식구가 무척 가난하게 살았지만, 하나님의 축복을 받아서 신앙생활도 잘하고 전세를 살다가 점포가 달린 집을 사고, 이층집을 사서 살게 되었다. 나는 그 성도가 축복을 받은 것을 보면서, 길을 가면서도 '하나님, 저도 집을 주세요' 하며 기도를 하니 하나님께서 인도에 큰 집을 주셨기에 감사를 드린다. 교회를 개척한 후에 나는 특별히 병든 환자들을 위해 기도를 많이 해주었고, 주님의 손길로 여러 사람이 고침을 받는 일이 있었다.

성림교회를 개척하여 18년 동안 열심히 목회를 하였는데, 교회에 불이 나고 어려운 일이 생기게 되었다. 우리는 교회를 사임하고 목사님은 새로운 사역을 위해 기도를 하던 중에 인도로 선교를 가게 되었다. 큰딸은 결혼을 하였지만, 아들과 막내딸은 대학생이었다. 나는 선교사로 사명을 받지 않았다고 하였고, 목사님만 혼자 인도로 가게 하였다. 목사님은 인도에서 2년 동안 인도 고아들을 데리고 생활하면서 돈이 없다고 전화도 하고 나를 오라고 하였지만, 나는 인도에 못 간다고 매번 거절을 하였다.

하루는 밤에 잠을 자는데, 꿈에 궁궐을 보여주셨고, 목사님이 많이 아픈 것을 보게 되었다. 나는 일어나서 주님 앞에 "천부여 의지 없어서 손들고 옵니다" 하며 하나님이 가라 하시면 가겠다고 하고, 목사님께 전화를 해서 돈을 부쳐주고, 그 후에 인도에 가서 목사님을 도와 사역을 하게 되었다. 나는 나이 50세가 되어 인도에 가게 되었고 목사님이 열 명 정도의 고아를 데리고 생활하고 계셨기에, 나는 석 달에 한번씩 한국과 인도에 오가며 생활을 하게 되었고, 고아들의 밥을 해주고, 생활을 도와주며 그들을 자식처럼 돌봐주었고, 그들은 나를 어머니라 불렀다.

나는 인도에 처음 가서도 월셋집에 살았다. 목사님은 울산에서 돈을 대출받아 인도에 2000평의 땅을 사고, 그곳에 집을 짓고, 학교도 하고 고아원도 하게 되었다. 하나님의 은혜 안에서 돕는 손길을 통해 만평의 땅을 구입하여 건물을 짓게 되었다. 그 당시 학생들이 많았고, 지금은 한 500여명이 되었다. 목사님은 도마학교의 설립자가 되었고, 나는 학교의 명예총장이 되어 학교의 행사와 일에 참여하게 되었다. 인도는 영국 식민지로 70년을 지냈기에, 해방을 기념하며 해마다 학교에서 광복절 행사를 하고 제식 훈련도 하며 학생들의 늠름한 모습을 보면서 감격하며, 하나님께 감사를 드린다.

나는 선교센터에 수많은 선교팀들이 와서 선교를 돕고, 단기 선교를 오는데, 그분들의 식사를 해주고, 머무는 방 청소를 하고 고생을 했지만, 참으로 보람을 느꼈다. 26년 동안 인도 선교지에 다녀간 사람들이 2000여명은 족히 되는 것 같다. 나는 인도에서 생활하면서 하나님이 두려운 것을 여러번 경험했다. 구다라찌라는 동네가 있는데, 그곳에서 예수 믿는 사람을 죽이고, 예수 믿는 사람들에게 해를 입혔다. 그런데 그곳에 큰 지진이 나서 집을 다 삼켜버렸고 큰 부자들은 모든 것을 잃게 되어, 그 부자는 "나는 어제는 부자였는데, 오늘은 가난뱅이가 되었다"고 하였다. 그곳에서 멀리 떨어진 우리가 사는 동네까지 지진의 여파가 있을 정도로 크고 무서운 지진이었다.

인도에 오리사 라는 동네가 있는데, 그곳에 선교사님이 나환자를 돌보며, 개척교회를 세웠다. 그 선교사님이 두 아들을 데리고 다른 곳을 다녀오다가, 호텔이 없어서 길가에 차를 세워놓고 자려고 하니, 그 동네 사람들이 수십 명이 나와서 그 차를 둘러싸고, 차에 기름을 붓고 불을 내려고 하니, 하나님께서 갑자기 큰 비를 내리셔서 그 기름을 다 씻어내시고 선교사님과 아들들을 구해주셨고, 마을은 비가 다 쓸어버렸다고 선교사님이 간증을 하였다.

나는 50살에 가서 26년 되었고, 목사님은 30년이 다 되었다. 나는 선교의 사명이 없어서 인도에 갈 수 없다고 했지만, 하나님의 인도하심에 순종하여 가게 되었다. 지난 20여 년 동안 주님은 나를 사용하셨는데, 수많은 선교팀이 와서 은혜받고, 그분들의 숙식을 도와주면서 많은 만남과 수많은 사연을 남기게 되었다. 나는 힘들 때 마다 찬송을 하면서 "나의 갈길 다가도록 예수 인도하시니~~" 주님의 은혜를 생각하며 기도하면서 고비 고비 지나올 수 있었다.

내가 인도에 있을 때, 선교센터에 목사님 부부가 오게 되었다. 사모님이 많이 아파 보였기에, '사모님, 어디 아파요?' 하고 물으니 몸이 많이 아프다고 하면서 자신의 이야기를 하였다.

규모가 있는 교회를 목회하는 중에 재정집사가 교회 재정에 손을 대고, 그 책임을 목사님에게 돌리고 목사님을 쫓아내려고 하였기에 사모님이 너무 많이 신경을 쓰게 되어 병이 들었다고 했다. 친구 목사님 부부가 인도에 선교를 다녀오자고 억지로 데리고 와서 선교를 한번 다녀오고 죽더라도 죽어야겠다는 심정으로 인도에 왔다고 하였다. 나는 마음이 아파서 사모님의 두 귀에 손바닥을 대고 하나님께 간절하게 기도를 하였다. 하나님께서 그 사모님을 고쳐 주셔서, 건강한 모습으로 한국으로 돌아가서 새롭게 교회를 개척해서 목회를 열심히 하고 있다는 소식을 들으니 하나님께 감사하며, 인도에서의 사역에 큰 보람과 기쁨을 얻게 되었다.

나는 인도에서 고아들과 생활하면서 그들의 어머니가 되어 그 아이들을 먹이고 돌보는 일을 하면서, 아이들이 주님의 사랑 안에서 잘 성장해 가는 것을 보며 보람을 느끼게 되었다. 그들은 더이상 길거리를 헤매는 고아가 아닌, 우리가 26년 사역을 하는 동안 주님을 만나고, 여러명의 인도 아들들이 신학을 공부하여 목사가 되었고, 지금은 여러 명이 인도 영혼을 위해 목회를 하는 사역자로 사명을 감당하고 있기에 모든 것이 하나님의 은혜이며, 늘 감사한 마음이다.

나는 어려서 교회를 다니면서 은혜를 받으니, 기도하고 싶고 교회에서 청소하며, 교사를 하며, 어린 시절을 주님의 은혜로 지나면서 성령충만을 경험하니 담대해져서 새벽길도 무섭지 않았다. 전도사님과 심방도 함께 하며, 병든 할머니를 위해 간절하게 기도하니 할머니가 병이 낫고 오래 사셨다. 주님께 전도자의 길을 가게 되길 기도했는데, 주님은 나를 일찍이 택하여 훈련시키시고, 준비시켜 사모가 되게 하셨다. 목회의 길에서 목사님과 동역하고, 인도의 선교사로 사명을 감당하며 여기까지 인도하심이 하나님의 은혜이다. 때마다 일마다 함께 하신 주님께 감사하며, 모든 영광을 하나님께 돌립니다.

CHAPTER 02

Moses' Testimony

Greetings in the name of our Lord Jesus Christ.

My name is Moses. I am from a very poor family. My father is an alcoholic. My mother is daily laborer. She used to take care of my family. My father used to take money from my mother to drink alcohol, This is the situation of my family.

In 1994 December, one of the pastors told to my mother that there is an orphanage. "If you send your son to that orphanage, they will give him nice food, and they will give good clothes." So my mother took me to that orphanage.

When I was 10 years old, I met a compassionate father who showed me love and affection that I did not get from my

family. The father was none other than Rev. Kim Jung Koo. We called him father. He is the moderator of our lives.

When I joined the orphanage, I was thinking that I missed my mother's love. But that love was given to me by Ammuni.

When I lived at home, I was used to having food once a day, because we didn't have food. For 10 years, there was no proper food and water.

After I joined the orphanage, I had food to eat three times a day, and water. Because of the food, my mother made me join the orphanage.

Appuji asked me, "What is your dream?" I didn't have any idea at that time. Out of nowhere, I told him, "I will become pastor." So Appuji accepted me into the orphanage.

He said, "If you want to stay in this orphanage, you should pray and read the Bible. It is necessary. If you don't want to pray or read Bible, you can just leave this orphanage." I said to Appuji, "I will read the Bible more and pray more."

At the time, there were 14 of us children in the orphanage. Appuji and Ammuni cooked very delicious food for us.

I saw real love in Appuji and a forgiving mindset.

I made many mistakes, but he forgave everything and accepted me as his own son.

I believe that God has a great plan for India through our Appuji. Like me, for those children who grow up in India, Appuji is a great gift.

Our Appuji came with great vision. He has fulfilled his vision through God's plan.

We became thousands of students who grew up. Most of us became pastors and are serving at churches.

Appuji built many churches, orphanages, schools, shelters for people with leprosy, shelters for the blind, and ministries to serve the slums.

Appuji did great missionary work in India.

Still, he wants to do greater works for God.

Please pray for his health. May God give him great strength to fulfill his vision in India.

Thanking you,

Moses

CHAPTER 02

아버지는 인도를 위한
하나님의 선물입니다

모세 목사
(안디옥교회 담임목사, 인디아장로회 총회장)

우리 주 예수 그리스도의 이름으로 문안드립니다.

저의 이름은 모세입니다. 저는 매우 가난한 가정에서 자랐습니다. 나의 아버지는 알콜중독자였습니다. 나의 어머니는 하루 벌어 하루 먹고사는 노동자였습니다. 어머니는 우리가족의 생활을 책임졌습니다. 나의 아버지는 어머님으로부터 돈을 가져다가 술을 마시곤 하였습니다. 이것이 우리 가족의 참담한 모습이었습니다.

1994년 12월에 어느 목사님 한 분이 저의 어머님에게 고아원 하나를 소개해 주었습니다. 만약에 당신의 아들을 그 곳에 보내면 매일 좋은 음식을 먹고 의복을 얻게 될 것이라고 말해주었습니다. 그래서 저의 어머님은 저를 데리고 그 고아원에 입양시켰습니다. 제가 10살이 되었을 때 저는 우리 가정에서 경험하지 못한 따스한 마음과 사랑이 충만한 한 분을 만날 수 있었습니다. 우리는 그 분을 아버지라고 불렀으며, 그 분은 나의 삶에 깊은 영향을 끼친 분이십니다.

제가 고아원에 입양되었을 때, 저는 어머니의 사랑을 그리워하였습니다. 제가 고아원에 입소하기 전까지 저의 집에는 하루에 한번 정도 먹을 수 있는 음식과 물이 없었습니다. 그러나 어머님을 통하여 고아원에 입소한 이후에는 하루에 3끼 음식과 물을 먹을 수 있었습니다. 아버지는 저에게 너의 꿈이 무엇이냐고 물었습니다. 저는 그 때에는 꿈이 없었지만 갑자기 목사가 되고 싶어졌습니다. 그래서 아버지에게 나의 꿈이 목사가 되는 것이라고 말했더니 저를 고아원에 입소시켜 주었습니다.

아버지는 저에게 "네가 이 고아원에 머물고 싶으면 너는 열심히 성경을 읽고 기도해야 한다"고 말씀하셨습니다. "네가 만약 성경을 읽는 것과 기도하는 것을 소홀히 한다면, 너는 고아원에 있을 필요가 없고, 고아원을 나가야 한다"고 말씀하셨습니다. 저는 고아원에서 성경을 열심히 읽고, 기도를 열심히 할 것을 결심하였습니다.

고아원 아이가 14명이 되었을 때, 아버지와 어머니는 우리들을 위하여 매일 맛있는 요리를 만들어 주었습니다. 저는 그 분들을 통하여 진정한 사랑과 용서의 마음을 볼 수 있었습니다. 저는 지금까지 많은 실수를 저질렀습니다. 그럼에도 불구하고 아버지는 저를 용서하시고 저를 자신의 아들처럼 받아 주셨습니다.

저는 하나님께서 저의 아버지를 통하여 인도에 위대한 계획이 있는 것을 확신합니다. 저희들은 아버지를 통하여 훌륭히 자랄 수 있었으며, 아버지는 인도를 위한 하나님의 선물이었습니다. 아버지는 위대한 비전을 가지고 인도에 오셔서 그 비전을 실현시켰습니다. 하나님의 계획이 그 분을 통하여 실현된 것입니다.

현재 인도도마선교센터를 통하여 수천 명의 아이들이 교육을 받고 성장할 수 있었으며, 대부분 그들은 목사가 되었고 모두가 담임 목사로서 교회를 맡아 목양하고 있습니다. 아버지는 많은 교회들과 고아원, 학교 및 한센인센터 그리고 시각장애자와 가난한 사람들을 위한 사역들을 인도에서 진행하였습니다. 현재까지 아버지는 하나님의 나라 확장을 위하여 위대한 일을 하고 있습니다. 부디 아버지의 건강을 위하여 기도해 주시고, 하나님의 능력으로 그 분의 비전이 인도에서 실현될 수 있기를 간구해 주시기를 바랍니다.

감사합니다.

CHAPTER 03

밑거름선교회를 통하여
선교지를 섬깁니다

배동석 장로
(동래제일교회)

저는 동래제일교회 장로로서 시무당시 십수 년을 선교부장으로 직분을 감당하였습니다. 선교사를 파송하는 일과 선교지원 및 선교지 교회건축을 하는 것이 교회의 사명이고 또한 선교부장의 사명이라 생각을 하고 열심히 사명을 감당하였습니다.

선교지에 교회를 세우는 것은 다음과 같은 교회의 유익을 가져다 주었습니다.

첫째는 선교사님들이 목숨을 걸고 복음을 전함으로 먼저 가정교회를 세웠습니다. 가정에서 성도수가 많아져 예배 드리는 것이 불가능해 지면 한국교회가 도와 성전을 건축할 수 있도록 하는 사역은 후원하는 교회에 큰 영적유익을 주었습니다.

둘째로 선교교회 건립에 동참함으로 인해 후원하는 본 교회가 교회다운 교회로 거듭날 수 있게 하였습니다, 선교 교회를 건축하는 과정속에 교회가 하여야 할 사명을 성도들에게 교육시켜 성도들이 성령의 인도 하심을 체험케 하여 전교회 성도들의 신앙이 성장할 수 있도록 유익을 주었습니다.

셋째는 교회건축 후 선교지의 헌당 및 입당예배에 가능한 성도들이 많이 참여케 함으로 선교현장을 보고 경험함으로 선교의 열정을 성도님들이 갖게 되는 유익이 있었습니다.

그런데 이때 선교에 비전문가인 평신도들이 선교 현장을 다녀와서 많은 것을 보고 경험한 후에 개인적으로 긍정적인 모습으로 신앙에 유익을 경험하는 사람도 있지만, 그렇지 못한 사람들도 있음을 보게 됩니다. 선교의 현장에서 긍정적인 것을 보고 느낀 분들은 개인적인 신앙도 훌쩍 자라게 됩니다. 교회적으로도 좋은 소문이 나면서 교회성장에도 좋은 영향을 끼치게 됩니다. 그러나 부정적 요소들을 경험하신 분들은 교회에 좋지 않은 영향을 끼치는 경우도 종종보게 됩니다. 그러므로 선교 현장과 좋은 협력 선교사님은 기도하면서 신중하게 선택함이 아주 중요할 수 있습니다.

제가 본 김정구 선교사님은 목숨을 걸고 인도 선교에 전념하여 많은 사역의 열매들을 맺으신 분이십니다. 김정구 선교사님은 오래전에 선교사로 하나님께 서원기도를 하였고, 늦은 나이에 하나님과의 약속을 실행하였습니다. 육신의 자녀들을 뒤로하고, 인도의 버려진 아이들을 입양하여 그들을 주님의 마음으로 양육하여 인도 고아의 아버지가 되었습니다. 제가 인도를 방문했을 때, 김정구 선교사님은 생활고를 겪으면서 옷도 제대로 사입지 못하고 구호물자 헌옷을 입고 사역에 임하는 모습을 보면서 애틋한 마음이 들었습니다. 어려운 여건과 환경속에서도 입양된 아이들을 신앙으로 철저히 양육하는 모습을 보면서 깊은 감동을 받았습니다.

새벽마다 아이들을 깨워서 더불어 함께 예배드리며, 우렁찬 목소리로 통성기도를 하며 아이들의 영성을 키우는 모습은 잊혀지지 않는 귀한 모습이었습니다. 밤 늦게 선교현장을 돌아보고 온 후에도 새벽기도를 거르지 않으시고 계속 기도하는 모습을 통하여 사역자의 모습이 어떠해야 하는가를 친히 몸소 보여 주셨습니다. 고아들의 신앙교육 뿐만 아니라 정규 학교교육도 모두 시켜서 직장으로 배출시켰습니다. 사회인으로 독립을 시켜 가정을 이루어 살 수 있도록 뒷바라지를 훌륭히 하였습니다. 또한 고아원 출신 중에 신앙이 좋고 신학을 원하는 자들은 자체적으로 운영하는 신학교에 교육을 받게 하여 목사가 되게 하였습니다. 이들이 훌륭하게 성장하여 수많은 교회들을 세우고 인도를 복음화 하는 주역으로 활동하고 있습니다. 이들을 통하여 161개 교회가 세워졌고, 500여 개의 가정교회가 운영되고 있습니다. 도마선교센터를 통하여 배출된 목회자들은 두 달에 한 번씩 모여 재교육을 통하여 더욱 더 훌륭한 사역자로 세워져 가고 있습니다.

이제 총회를 구성하여 각 노회장이 세워지고 산하에 신학교, 병원, 한센인교회, 고아원 10여 개, 인도 정규 사립학교 및 유치 초중고에 이르기까지 전문대학도 세워져 운영되고 있습니다. 이렇게 많은 사역들이 김정구 선교사님을 통하여 시작되고 일구어졌습니다.

하나님께서는 지난 30여 년 동안 김정구 선교사님을 장중에 붙들고 존귀하게 사용하셨습니다. 마지막 순간까지 존귀한 모습으로 쓰임받기를 기도합니다.

저는 수차례 인도에 김정구 선교사님을 통해 교회를 세웠고 입당식 때마다 많은 성도들과 함께 선교 여행을 하였습니다. 성도들의 신앙이 성장하는 모습들을 보고 감사와 함께 제 마음에 큰 기쁨을 누렸습니다. 김정구 선교사님의 자서전 책이 나온다고 하니, 참으로 감격스러우며 이 책을 적극 추천합니다.

부족한 저는 동래제일교회 장로로 선교부장으로 활동하면서 김정구선교사님과 또 다른지역 선교사님들과 협력선교를 하면서 선교의 많은 것을 보고 배웠습니다. 그리고 "땅끝까지 이르러 내 증인이 되라"는 주님의 지상명령에 순종하는 마음으로 나의 생명 다하기까지 하나님이 기뻐하시는 복음 전하는 일을 감당하고자 합니다. 지금까지 나를 축복의 길로 인도하신 주님의 뜻을 받들어 "밑거름선교회"를 조직하였습니다. 뜻있는 건축 전문인들과 함께 교회 및 센타 고아원 유아원 등 각종 선교지에 필요한 건물들을 건축 및 보수를 하고 있습니다. 선교에 도움이 되고 밑거름이 되는 선교단체가 되기를 원하며 노력하고 있습니다.

김정구 선교사님이 인도에 뿌린 복음의 씨앗들이 앞으로 더욱 더 풍성한 모습으로 열매 맺혀 질 수 있기를 기원합니다.

CHAPTER 04

인도 도마선교센터를 다녀와서
"그는 오직 인도선교사입니다"

심송숙 사모
(창녕 오호교회)

"네?" "어디라고요?" "인도라고 하셨어요?"

오랜만에 반가운 목사님에게서 전화가 왔다. 서로 소식을 나눈 지 일 년은 족히 넘었으리라. 이런 저런 서로의 안부를 기쁘게 묻던 목사님께서 갑자기 인도를 같이 가자고 말씀하신다. 당황하고 놀란 가슴에 나는 다시, 또 다시 다그치듯 목사님께 질문을 퍼붓고 있었다. 그도 그럴 것이 올해 3월이 시작될 그즈음부터 나는 인도 이야기를 하고 있었다. 좀 더 정확하게 말하자면 인도를, 다시 인도를 한번 더 가보고 싶다는 노래를 이미 부르며 살고 있었다.

나는 흥분을 애써 누르고 정신을 바짝 차리려고 노력하며 나의 패를 감추고 다시 질문을 이어갔다. 인도에 간다 해도 갈 수 있는 곳이 어디 한두 곳인가? 그러나 나는 이미 점찍어 놓고 조르고 있는 곳이 있었으니 나에게는 인도라는 말보다 이어지는 말에 더 신경을 곤두세워 들을 수밖에 없었다.

"목사님, 목사님은 인도 어디를 가시려는 계획이신가요?"

"어디는 어디야? 도마선교센타지, 김정구 선교사님 계시는데…. 남편 목사님의 숙부님 되시잖아"

어찌 모르겠는가? 도마 선교센터를 김정구 선교사님을.

"정말요? 진짜요? 우와 할렐루야!"

여러 우여곡절 끝에 마침에 인도 도마 선교센터로 향하게 된 사람은 넷. 열린보화교회 정영복 목사님, 울산 학성교회 전덕향 권사님, 울산교회 전일순 집사님, 그리고 나 창녕 오호교회 김성환 목사의 사모 심송숙.

밤늦은 시간에 뱅갈로우 국제공항에 도착했다. 밤이지만 온몸으로 느낄 수 있는 더운 공기와 고향과 다른 냄새, 조금 더 검은 피부와 멋진 큰 눈을 가진 사람들 분명 여긴 인도다. 그러나 인도 바람을 즐길 겨를도 없이 이미 차를 가지고 우리를 먼저 기다리던 (호세아), (모세) 목사님의 도움으로 짐을 차에 싣고는 곧바로 도마선교센타로 출발하느라 나와 인도와의 개인적인 더 깊은 해후는 잠시 미루어야 했다. 여유 있게 즐기리라. 도대체 얼마만 인가. 과연 도마선교센타는 어떤 곳일까? 그리고 김정구 선교사님은…..달리는 차 안에서도 여러 생각이 일어나고 사라지고 있었다.

"아니 질부 아닌가?"

이런저런 생각보다 쏟아지는 졸음에 한숨 자고 나니 이미 센타 가까이로 도착하고 있었다. 학교와 센터의 입구로 들어가는 도로는 제법 길었고 도로 양쪽으로 서 있는 나무 역시 달빛에 보아도 기품있고 아름다워 보였다.

"아니 자네가 여기 웬일이고?" 선교사님 내외분이 나를 보고는 깜짝 놀라 하셨다. 함께 가자고 초청하셨던 정 목사님께서 모든 일정을 선교사님과 의논하셨지만, 굳이 저의 이야기는 하지 말아 달라고 부탁을 드렸었기에 선교사님 내외분은 이곳에서 나를 보게 될 줄은 짐작도 못 했을 것이다. 어느 '시골교회' 사모 한 명이 같이 오는 것으로 그렇게 알고 계셨다. 그리고 나도 별도의 연락을 드리지 않았다. 그렇게 한 이유는 아무에게도 말하지는 않았지만 나 나름 하나 더 가지고 있었던 지극히 개인적인 이유가 있어서였다. 아무튼, 두 분은 놀라움과 반가움으로 나를 맞아주셨고 일행들과도 인사를 나누며 앞으로 머물게 될 숙소로 안내해 주셨다. 숙소에서 짐을 푼 우리는 어수선한 잠을 자고 곧 아침을 맞았다.

고아원을 방문하고, 교회를 방문하여 집회하며 하루하루 일정을 소화해 나갔다. 정영복 목사님의 뜨거운 설교 말씀과 성령 사역은 인도 성도님들의 은혜를 갈망하고 사모하는 열정과 어우러져 집회마다 큰 은혜의 역사가 있었다. 함께 갔던 전덕향 권사님과 나 그리고 전일순 집사님은 때로는 특송으로 때로는 기도로 정 목사님의 사역을 도왔다.

어릴 적 기억이 날 때가 있다. 초등학교 때부터 교회를 다녔으나 나는 들쑥날쑥 교인이었다. 그래도 부흥회때의 어렴풋한 기억에는 저렇게 몸을 흔들고 소리를 높이며, 큰소리로 기도하고 찬양하고 눈물 흘리며 은혜받던 어른들의 모습이 있다.

20여년 전 인도에서 있었던 선교사훈련학교 당시 한 강사님의 확신과 기대를 지금 내 눈 앞에서 보고 있는 듯 했다. 앞으로 미칠 선교적 영향력으로 볼 때 가장 가능성이 많은 나라를 꼽는다면 중국과 인도라고 하셨었다. 그 말은 현실로 이루어져 가고 있었다.

어린이들이 많은 교회에서는 어린이집 원장님이신 전덕향 권사님과 열정으로 치면 둘째가면 서러운 전일순 집사님이 그때그때 아이디어로 모임을 인도해 나가셨다. 나는 가족과도 같은 오랜 믿음의 동역자들 속에서 영적으로, 정서적으로 쉼을 누리고 회복을 누리며 시간을 보냈다.

그렇게 사역이 진행되는 동안 나는 변함이 없는 한 가지에 주목하게 되었다. 그것은 김정구 선교사님의 일상적인 옷차림과 그리고 아이들 혹은 성도들과 관계할 때 자연스럽게 보이는 선교사님의 행동 패턴이다.

첫째 선교사님의 옷은 유니폼과 같았다. 창이 있는 모자와 시골 장터에서 흔히 볼 수 있는 체크무늬 셔츠에 군청색 혹은 검은색 바지, 그리고 그 위에 낚시갈 때나 입을 듯한 주머니 많은 군청색 조끼. 어디에 가든 어떤 자리든 그 옷차림에는 큰 변화가 없었다. 몇 가지 색상 차이뿐. 함께 여러 사람이 어울려 서 있으면 누가 선교사인지,

누가 현지인이지 구분이 어렵다.

둘째 선교사님의 몸짓은 이웃집 반가운 아저씨 딱 그 정도다. 고아원에 갈 때면 아이들이 달려든다. 영락없는 할아버지와 손자다. 너무도 많은 손자를 둔 할아버지의 표정은 행복하다. 그 자연스러운 친밀감을 보며 이곳이 고아원이라는 전형적인 형식이 먼저인 장소인지 아니면 우리 집 넓은 앞 마당처럼 격없이 서로를 환영하는 관계만 존재하는 그러한 곳인가를 다시 생각하게 만들었다. 이들을 어떻게 사랑하고 대하셨는지 짐작이 되었다.

나는 지금도 도마선교센타에서 설립한 고아원의 개수가 얼마인지 알지 못한다. 그리고 개척한 교회가 역시 몇 개인지 기억하지 못한다. 신학교와 정부인가의 학교, 한센인 교회 등 사역의 정확한 규모를 알지 못한다. 그 규모가 통상적인 선교 현장에 비해 사뭇 커서 기억을 다 못하기도 하고 숫자를 잘 기억하지 못하는 내 성격 탓이기도 하다. 그러나 내게는 사역의 규모보다 크든 작든 그것을 이루어오고 유지해 오며 지속적으로 성장시켜 나가고 있는 그 사람 그가 더 중요하다고 생각한다. 무엇이 그로 하여금 이러한 사역을 가능하게 했을까. 그도 한 사람의 평범한 인생이 아니던가. 매사에 궁금증이 많고 생각이 많은 나는 가까이 있으면서 멀찍이 보며 선교사님을 그렇게 따르고 있었다. 물론 정답을 찾고자 함이 아니다. 그저 어린 제자가 큰 스승을 어떻게든 닮아 보고자 하는 그 무엇 정도의 시선이라고나 할까. 그리고 그러는 사이 내게는 나도 모르게 오래전에 그렇게 밀어두었던 가족이라는-어색하고 낯설어서 언어로 표현해내기 어려운 마음 밑바닥의 그 무엇이 꿈틀했다. 그래서 일까 그런 생각이 들었다. 인도인 속에서 인도인이 되어 함께 서 있는 선교사님을 멀리 바라보며 이제는 조금 갖춘 옷을 입어도 되실 텐데, 이제는 조금 여러 벌 옷을 갈아입어도 되실 텐데....

지금 한 선교사님이 웃고 계신다. 어느 곳을 가든 같은 유니폼에 누구를 만나든 편안한 몸짓이 이미 이 땅과 하나가 되어버린 듯한 사람. 그들과 비슷하나 조금 다른 한 사람 김정구 선교사님이 저기에 계신다.

드디어 오늘은 집으로 돌아가는 날이다. 선교사님은 우리를 배려해 돌아가는 길에 도마순교지를 찾아본 후 출국할 수 있도록 배려해 주셨다. 선교사님의 일정은 늘 빈틈이 없었다.

'어떻게 이럴수가 있을까' 하며 출발했던 선물과도 같았던 은혜의 여행이 이렇게 마무리 되어지고 있는 것이다. 이 시간들은 과연 장차의 시간이 흘러가며 어떤 은혜의 모습으로 다시 조명되게 될지 아니면 깜짝 여행의 한 날로 잊혀져 갈지 하나님의 섭리는 알 수 없지만 나는 감사하고 있었다.

나를 향한 크고 놀라우신 아버지의 사랑하심으로 그 값없이 베풀어주시는 무한하신 은혜로 지극히 개인적인 미련과 궁금증을 안고 출발한 여행이었는데 하나님은 나보다 나를 더 이해하시며 나를 만져주셨고 회복시켜주셨다.

조원조 선교사님의 지나가는 이야기 속에서 나는 열지도 닫지도 못하고 있는 내 마음의 어정쩡한 '창살'을 보았다. 어린아이가 걸음

마를 배우듯 그렇게 무릎을 다쳐가며 나도 두 분 선교사님이 걸어가신 걸음의 저 끝에서 따라가고 있는 것이다. 그래도 감사하지 아니한가. 여전히 어린아이 같은 자지만 방향은 닮았으니.

선교사님께서 차를 마련해 주셨고 '모세' 목사님께서 우리를 인도해 주기로 했다. 차 안은 조용했다. 이 곳으로 올 때의 흥분은 가라앉고 몇 년 치 수다도 다 쏟아냈고 이제는 편안한 마음으로 쉬기도 하고 창밖을 보기도 하며 도마 순교지를 향해 달려갔다.

지금까지 선교일정으로 여러 교회를 방문하고 집회를 하고 고아원을 방문하고 시간을 보내고 돌아가는 길인데 마음에 남는 것은 사역의 감동보다는 김정구 선교사님 삶이다.

새벽기도 시간에 들었던 선교사님의 많은 간증과 말씀, 함께 생활하며 자연스럽게 주고받는 일상의 대화 가운데 느껴지는 선교사의 삶, 그리고 사역 초기 함께 동거동락했던 아이에서 지금은 같은 목회자로 성장하여 선교사님의 든든한 동역자가 된 이들로부터 전해 들었던 여러 놀랍고 감동이 되었던 많은 이야기를 나는 일일이 기억하지는 못한다. 내가 기억하는 한 가지는 '그는 선교사다' 라는 것이다. 그리고 나 역시 어느 곳에 있든지 그렇게 '선교사' 로서 살아내고 싶다는 것이다. 큰 역할이든 작은 역할이든. 주신 달란트대로 부끄럽지 않은 삶을 살고 싶다.

도마순교지를 돌아보며 모세 목사님으로부터 듣게 되는 도마의 순교 이야기는 다시 한번 나에게 '창살' 을 떠오르게 했다. 도마의 애칭은 '의심 많은 도마' 다 그런 그가 이 먼 곳까지 와서 복음을 전하다 죽임을 당한 것이다. 그를 죽이려고 일부러 제자로 들어와 그의 기도처를 알아낸 후 도마가 기도하는 중에 뒤에서 창으로 그를 찔러 순교를 하게 되었다고 한다. 사랑하셨던 제자 중 가룟 유다에 의해 은 삼십에 팔리신 예수님처럼. 그도 주와 방향을 함께 한 삶을 살았다. 주께 방향을 맞추고 살아가는 삶. 주만 바라보고 걸어가는 삶을 살았다.

> 요한복음 12:24~26. 내가 진실로 진실로 너희에게 이르노니 한 알의 밀이 땅에 떨어져 죽지 아니하면 한 알 그대로 있고 죽으면 많은 열매를 맺느니라
> 25 자기의 생명을 사랑하는 자는 잃어버릴 것이요 이 세상에서 자기의 생명을 미워하는 자는 영생하도록 보전하리라
> 26 사람이 나를 섬기려면 나를 따르라 나 있는 곳에 나를 섬기는 자도 거기 있으리니 사람이 나를 섬기면 내 아버지께서 그를 귀히 여기시리라

신앙을 배워가던 어린 시절 나는 이 말씀을 붙들고 하나님 앞에서 여러 번 질문을 한 적이 있다. '하나님 한 알의 밀이 땅에 떨어져 죽지 않고 있으면 한 알 그대로 있는 것은 이해가 돼요. 그런데 죽으면 많은 열매가 맺는다고 하신 말씀이 이해가 안 돼요. 죽으며 썩게 되니 아예 없어져 버리잖아요. 어떻게 많은 열매가 될 수 있나요?' 난 정말 심각했고 이해가 되지 않았다. 이 질문은 오랫동안 내 마음에 머물러 있었던 것 같다. 나에게도 '의심 많은 도마 증후군'이 있었나

보다. 그러나 사랑의 주님이 도마를 찾아와 주셨고 직접 확인시켜 주셨듯이 주님은 천천히 나의 삶을 이끌어 주시며 그 말씀의 의미를 깨닫게 해주셨고 예수님 자신을 내게 내어 주셨다. 여전하다. 어린 시절 그때나 지금이나 나는 별반 달라진 것 없이 연약한 모습 그대로 주를 따르고 있다. 다만 조금씩 귀한 주님을 더욱 알아가고 있고 나는 점점 작아져 가고 있다는 것이 달라져 가고 있는 것이라 해야 할까? 그런데도 변함이 없는 것은 이렇게 연약한 자이지만 그래도 주님 섬기는 자로 있기를 소원하는 마음뿐이다.

'한 알의 밀' 내게 이 깊은 비밀을 알고 이미 삶으로 그 길을 가고 있는 김정구 선교사님을 만날 수 있도록 특별한 여행을 선물로 허락해 주신 아버지 하나님께 감사드리며 그 값없이 주셨던 무한하신 사랑을 다시 추억하며 이글을 마무리 지으려 한다. 예수안에서도 한 가족이며 동시에 육신으로도 김정구 선교사님과 한 가족으로 하나님 나라를 바라볼 수 있다는 사실이 내게는 특권이요 감사의 이유가 된다. 그러나 그날 나는 하나님 앞에서 이런 마음을 가졌다.

'하나님 오늘 한 번만 마지막으로 인간적인 말을 하겠습니다. 저를 용납해 주세요. 그러나 더는 가족이라는 이름으로 내 기대로 내 생각으로 무엇을 판단하지 않겠습니다. 그는 선교사입니다. 이번만 용서하여 주옵소서.'

그리고는 마지막 시간을 도마순교지에서 보내던 그 날 나는 모세 목사님에게로 다가갔다. 그리고 이렇게 말했던 것 같다. 어설픈 영어와 한국말과 애써 참으며 눌렀던 눈물을 섞어서….

'모세 목사님, 아마 이번이 마지막 여행일 것 같습니다. 저는 이곳에 오기 전에 김정구 선교사님을 이해하지 못했습니다. 솔직히 싫어했었습니다. 왜냐하면, 그는 오로지 선교사이지 우리에게 가족은 아니었기 때문입니다. 저는 그것이 이해되지 않았습니다. 그러나 이곳에 와서 저는 저의 생각이 잘못되었다는 것을 알았습니다. 그는 인도 선교사입니다. 그의 모든 삶이 이곳에 있었습니다. 그 삶의 일부가 당신입니다. 아버지를 부탁드립니다. 이제 그는 나이가 많은 노인이 되어갑니다. 당신의 아버지입니다. 잘 부탁드립니다…'

그가 어떻게 반응했는지 나는 기억나지 않는다. 그는 나의 느닷없는 말에 당황했을 수도 있다. 사실 생뚱맞고 황당해서 기분이 좋지 않았을 수도 있었을 것이다.

나는 어쩌면 나 자신에게 말하고 있었는지도 모르겠다. 그렇게 인간적인 말들로 인도 선교여행을 마치고 공항으로 우리 각자의 일상으로 우리는 돌아왔다.

"잘 지내나? 요즘은 나이 많은 사람이 전화를 먼저 한다."

오랜만에 철없는 질부에게 선교사님이 전화를 주신다. 죄송한 마음에 웃으면서 전화를 하고 안부를 묻고 인사를 건넨다. 선교사님이 나에게 글을 부탁하신다. 내가 존경하는 선교사님. 혹 누가 될까 염려하며 이런저런 고민 속에 이제 이렇게 마치려 한다.

아무쪼록 주께서 끝까지 선교사님을 붙잡으시고 주의 나라에 이를 때까지 보호하시기를 기도합니다. 그리고, 온 생애를 사랑함으로 섬겼던 도마선교센타의 모든 영혼들이 주의 날까지 보전되고 지키시기를 기도합니다. 또한 도마선교센타을 통해 인도의 많은 소수 민족이 돌아오고 세계 여러 민족들이 함께 구원받기를 기도합니다.

CHAPTER 05

인도의 영혼들을 사랑하는 선교사의 발자취

(고후12:15; 갈6:17; 벧전2:21)

이현정 목사
(예수한국 세계선교협회 대표)

김정구 선교사는 특별히 인도의 가난한 형제들, 곧 어린이 사역과 고아 사역, 한센인 사역과 장애인 사역, 그리고 신학교를 세워 제자 양육에도 헌신하는 사랑의 선교사이다.

이제 인도 선교의 길을 그와 함께 동행하면서 보고 듣고 교제한 흔적들을 살펴보고자 한다(갈6:17).

1. 인도 한센인 마을에 세워진
ANDREW RAPHA CHURCH

나와 안드레는 하나님의 동역자로 세계선교에 이바지하는 오병이어의 증인이다(빌1:20-21). 왜냐하면 나는 생명의 떡으로 이 땅에 오신 예수님을 효과적으로 전할 수는 기회를(고전16:9) 많이 주셔서 빵을 구워서 복음을 전하게 되었고, 이 일로 "제2호 안드레"라는 칭호를 얻었기 때문이다(a title of honor).

안드레는 베드로의 형제이며, 오병이어 역사의 체험과 함께 에뎃사에서 X형 십자가에 달려 처참한 죽임을 당하였음으로 그의 십자가를 "안드레 십자가"라는 명칭을 얻게 되었다고 합니다.

이런 관점에서 이곳 안드레 마을에 한센인을 위한 교회 건축은 하나님께서 전에 예비하사 그 가운데서 행하게 하시려는 창조의 섭리(엡2:10; 슥4:6)와 그리스도의 비밀을 나타내시려는 경륜임을 발견하고, "할렐루야 아멘 찬송과 영광과 지혜와 감사와 존귀와 능력과 힘이 우리 하나님께 세세토록 있을지로다 아멘"(계7:12; 욥29:4)으로 한센인들과 함께 승리의 개가를 부르며 안드레의 순교적 삶을 추억해 봅니다(계7:12).

2. 그의 사역 위에 나타난 아름다운 열매들
(빌1:11; 사27:6; 갈5:22; 고후9:9; 시112:9)

— "눈물을 흘리며 씨를 뿌리는 자는 기쁨으로 거두리로다"(시 126:5-6).

그가 고난 중에 뿌린 의의 열매들은 영원히 거두는 기쁨이 되었다 (고후9:9; 시112:9). 그 기쁨들은;

① 구원의 기쁨이다 (행13:47-48).

② 승리의 기쁨이다 (요16:33; 계7:9).

③ 번성의 기쁨입니다 (시92:16).

그는 종려나무처럼 가장 고상하고 아름다운 나무 중의 하나로서 영적으로 아름다움과 고귀함, 풍성함(요10:10), 한결같은 일향 미쁘신 은혜와 인내(딤후2;13; 계13:10; 14:12) 등. 의인의 승리를 보여주는 종려나무와 백향목 같이 놀라울 만큼 크고 높이 자라며(엡4:13), 천년 이상 계속 자랄 뿐 아니라 내구성이 강하여 썩지 않는 것으로 유명한 나무이다.

이처럼 김 선교사는 부패하고 타락한 이 세상 가운데 있을지라도 믿음의 정절을 지키며(계14:4-5), 첫 열매로 하나님과 연합하며(렘 2:2-3), 아침마다 새롭게 하시는 새 힘(애3:22-23; 사40:31)으로 다시 소생하여 잘 성장하고 흥왕하며 영원히 하나님의 약속대로 의의 거하는 바 새 하늘과 새 땅, 새 예루살렘에서 영광가운데서 주님과 함께 축복된 삶을 살리라 믿습니다(벧후3:13; 계21:1-2,11; 요14:2-3).

3. 그의 교회 사역 위에 나타난 빛의 열매들
(엡5:8-9; 고전10:33)

─ 그 열매들은 모든 착함과 의로움과 진실함에 있음.

─ "여호와 하나님은 해요 방패시라 여호와께서 은혜와 영화를 주시며 정직히 행하는 자에게 좋은 것을 아끼지 아니하실 것이니라." (시84:11; 계21:11)

4. 나 이제 주님의 새 생명 얻은 몸

교회마다 아침 이슬 같은 주의 영광의 복음을 전파할 청년들로 기쁨을 누리는 교회 역사입니다.

욥의 청년의 때와 같이 신앙의 절정기에 있는 젊은 일군들이 섬김과 뜨거운 사랑으로 충만해 있었습니다(마20:26-28; 벧전1:22).

하나님의 온 집에서 사환으로 충성한 모세 같은 일군들(히3:5), 야고보1:27절 말씀으로 환난 중에도 고아와 과부를 돌아보고 세속에 물들지 않고 자기를 지킨 경건하고 정결한 일군들, 존슨 목사처럼 학자의 혀로 쓰임 받은 일군들(사50:4)인 것이다.

이처럼 김 선교사는 목자처럼 양 무리들을 먹이시며 어린양을 그 팔로 모아 품에 안으시며 젖 먹이는 암컷들을 온순히 인도하시는 영혼의 목자이신 메시야 사역을 실행하는 목회로 각 사람에게 유모와 아비와 같이 복음으로만 아니라 자기 목숨까지 주기를 즐겨하는 긍휼의 마음으로 양육하고(살전 2:8; 고후12:15) 있었습니다.

이들은 한결 같이 고난 중에 낳은 자녀가 그리스도의 장성한 분량까지 자라서(벧후3:18; 엡4:13), 후일에 복음의 지경을 넓히는 하나님의 동역자로 쓰임 받게 된 것임을 보게 되었습니다(사49:20; 요21:15-19).

5. 눈을 들어 밭을 보라 희어져 추수하게 되었도다
(요4:35; 마9:37-38).

― "추수할 것은 많되 일군이 적으니 주여 추수할 일군들을 보내어 주소서."

(1) 도마 선교센터와 예수한국 세계선교 센터의 합력선교 사역

인도 선교는 IMC(기독교 국제선교협회) 선교로부터 처음 시작을 하였다. 1990년 인도에 형제 사랑의 교회를 건축할 기회를 주님께서 허락하여 주셔서 김희원 목사님의 인도하심으로 건축하게 되었다.

그 후 2009년 1월 11일 "도마가 우리도 주와 함께 죽으러 가자" (요11:16) 외쳤던 도마의 낙관적인 태도와 강한 충성심을 보인 그의 순교정신을 따라 그의 순교의 현장인 첸나이(마도로스) 소재 도마 마운틴에 올라가서, 그곳 도마 기념교회와 바위 위에서 기도 중 창에 찔려 죽임을 당한 흔적을 보게 되었다.

그는 그리스도께서 유대로 가려하시자 모든 제자들이 유대인들이 돌로 쳐 죽이려 할 것이라고 꺼려하였으나(요11:7-8), 도마만은 바울처럼 순교를 각오하고(행21:13) 인도에 가서 전도하다가 순교한 것으로 되어있다.

이러한 믿음의 선진들의 순교정신으로 세워진 도마 선교센터는 인도의 영혼구원을 위한 구원의 등불로 흑암과 사망과 그늘에 앉은 자들에게 영원히 꺼지지 않는 언약의 등불이 되리라 확신한다(삼하22:29; 대하21:7; 왕상11:36; 시18:28; 요5:35).

이제 도마 선교센터와 함께 하나님 선교의 동역자가 되어(Missio Dei) 이곳 선교센터에 왔었다(2019년 8월 12일).

6. 인도의 선교의 길에 나타난 주님의 십자가 나도 지고 (마27:32).

인천공항 출발 중간 기착지인 말레이시아 쿠알라룸푸르 공항으로 가는 중, 바다(세상, 계12:17) 위에 펼쳐진 백합화는 바다 위에 필 때는 수련화로 이름하는 이 꽃들로 아름다운 동산을 이루고 있었다. 큰 광경이다(출3:2-3).

그 길은 주님께서 예비하신 형통의 길이었다(사48:15).

— He will succeed in his mission. 왜냐하면 주님께서 제자들에게 "다른 사람들은 노력하였고 너희는 그들의 노력한 것에 참예하였느니라"(요4:36-38) 말씀하셨기 때문이다. 거두는 자로 가는 길이기에 백합화 꽃길로 단장을 한 것이라 생각한다.

선지자들의 눈물과 피를 먹고 자란 꽃이기에 그 꽃의 이름은 '순교의 꽃'이라 이해한다(요12:25-26; 사27:6).

전에 주님께서 도마에게 보여주신 못 자국 난 손을 내게도 보여주시며(요20:20, 25,27), 순교의 꽃이 되도록 훈련시키라는 주님의 말씀을 중심에 회상하면서 이제 두 선교기관이 추수 때의 두 감람나무와 두 촛대와 같이 주님의 피로 세운 선교기지로(행20:28) 세계열방 위에 굳건히 서 있다(단12:3; 계11:3-4).

그런즉 IMC(기독교 국제선교협회)와 함께 인도에 세워진 도마 선교센터와 예수한국 세계선교 센터는 한 피 받아 한 몸 이룬 형제며, 친구(롬9:3-4; 계6:9,11; 요15:13-14)이며, 마음조차 하나되어 우리 주님 크신 뜻을 지성으로 준행하는(요4:34) 하나님 선교의 꽃을 피우는 백합화 동산이 되었음을 자랑하고 싶다(고전3:21-23; 10:16-17).

7. 도마 선교센터에서 행한 해방의 큰 기쁨
   (2019년 8월15일 해방 기념일)

인도선교 4일째 되던 날이다. 이 날은 모든 날들 중에 특별한 날이다. 인도가 강대국의 압제로부터 해방된 자유와 평화를 기념하는 민족 해방의 날로서 마을마다 각 지역과 공공기관과 장소에서 이 날의 감격을 가슴에 품고(가슴에 인도 국가의 기를 리본으로 달고 다닌다) 스스로 몰려드는 전 국민이 참여하는 기쁨의 잔치 날이다.

선물을 서로 교환하며 음식도 나누며, 화해와 용서와 사랑과 소망을 나누는 민족 화합과 통일의 하나된 잔치다.

여기서 인도와 한국이 강대국의 압박과 설움에서 해방된 민족이라는 동질성을 발견하게 되고 더욱 가까운 형제지간임을 재발견하게 되었습니다. 이러한 역사성을 함께 나누는 이 잔치에 초대되어 환영을 받으며 평화의 왕으로 오신 예수 그리스도를 선포하는 영광을 얻게 되어 인도 선교의 참 의미를 깨닫게 되었습니다(미4:1-4; 행 2:47-48; 미7:11).

8. 세계를 향한 복음의 열정 (사52:7)

김 선교사는 복음전파의 사명을 가지고 태어난 "열방의 선지자다"라는 생각이 든다.

> _ "내가 너를 복중에 짓기 전에 너를 알았고 네가 태에서 나오기 전에 너를 구별하였고 너를 열방의 선지자로 세웠노라 하시기로"(렘1:5)
> "내가 가로되 슬프도소이다 주 여호와여 보소서 나는 아이라 말할 줄을 알지 못하나 이다"(렘1:6).

이처럼 예레미야는 선지자적 사명을 감당하기에는 부적격자였으나 하나님께서 그를 쓰시기로 작정하셨기 때문에 그는 하나님의 선지자가 된 것이다(잠16:33).

그러므로 우리 자신들도 아이처럼 부족하지만 하나님께서 일을 맡기실 때는 적극적으로 그것에 순종해야한다(행10:29; 삼상 15:22).

1) 교회를 개척하는 선교사다

그는 그리스도의 일군으로 복음을 전하기 위하여 인도 여러 지역을 두루 다니며 사망과 흑암과 그늘에 앉은 자들에게 생명의 복음을 전하는 빛의 사자다(요5:35; 마5:14-16).

2) 교회들이 세워지다

이처럼 그의 교회 개척의 열정은 믿음의 역사와 사랑의 수고와 소망의 인내로(살전1:3) 용광로의 불길처럼 활활 타오르는 긍휼의 불길로(호11:8) 사방으로 퍼져나가서 두 감람나무와 두 촛대와 같은 추수의 교회들이 세워지게 되었습니다. 그는 고난과 능욕을 당하면서 전한 복음이 헛되지 아니하여 성공적인 열매를(하늘의 기업, 시 127:3; 호14:5-6) 지면에 채우는 야곱의 뿌리가 되었습니다(사27:6). 믿음의 신령한 반석이 되었습니다(고전10:4).

3) 성전 건축을 위한 다윗의 열심

그는 목자같이 양 무리를 먹이시며 어린양을 그 팔로 모아 품에 안으시며 젖 먹이는 암컷들을 온순히 인도하시리로다(사 40:11).

이와 같이 김 선교사는 성도들을 어미 새가 새끼를 품듯 기르는 어미였으며, 아비와 같이 성도들을 영적으로 교육하며, 무지할 때 깨닫도록 가르치고, 연약할 때 격려하여 주며, 위로해주고 잘못된 길로 갈 때, 바른 길로 이끌어 주는 선한 목자의 모습을 보여주고 있다(살전2:7-8,11).

이러한 그의 아름다운 발자취는 하나님께서 엘리아김의 어깨에 다윗 집의 열쇠를 두신 것 같습니다. 김 선교사님에게도 천국열쇠를 주셔서 죽어가는 자들을 생명의 길로 인도하시는 메시야 사역(요 14:6)을 충실하게 감당하도록 축복(번영)하여 주신 것으로 믿고 기도합니다.

인도 선교 28년의 세월을 아껴서 오직 선교로 하나님께 영광을 돌린 증인의 삶을 몸으로 보여주신(고전6:19-20) 김정구 선교사님의 행적을 살펴보았습니다. 그의 삶의 발자취는 주의 집을 위한 열성이었습니다. 161개의 겨자씨 교회와 500개 처소의 Cell Church는 백합화 동산으로 아름답게 단장한 신부된 교회의 모습이었습니다.

도마선교센터 조직표

도마선교센터가 설립된지 벌써 28년이 되었습니다.

늘 잊지않고 기도와 후원을 통하여 인도복음화를 위하여 헌신하여 주심을 감사드리오며 인도도마선교센터 인도현지 조직은 아래와 같습니다.

- 인도 도마선교센터총괄 회장 존슨목사.신학박사
- 총괄본부장. 재무담당 : 아브라함 목사 신학박사 (고아원 출신 목사)
- 고아원담당 : 루우벤목사 (고아원 출신목사)
- 도마학교(유치·초·중·고 college) 담당 바나바 목사(고아원 출신 목사)
- 한센(나환자)담당 : 아론 목사(고아원 출신 목사)

- 토마스의원 닥터 데이비드.
- 인디아장로회 신학교 부총장 아브라함 목사 (신학박사. 고아원 출신)

- 인디아장로회(160개 교회와 500개 가정교회)
  총회장 모세목사 (고아원 출신)
  부 총회장 마노아목사 (고아원 출신)

1. 뱅갈로노회장 : 임마누엘목사(고아원 출신)
2. 대바날리 노회장 : 애노쉬목사(장로회신학교 제1회 졸업)

3. 안드레 노회장 : 조앨목사(고아원 출신)

4. 호술 노회장 : 호세아목사(장로회신학교 3회 졸업생)

5. 암불 노회장 : 이삭 목사(장로회신학교 5회 졸업생.)

6. 첸나이 노회장 : 마대유목사(장로회신학교 4회 졸업생)

총무 : 벤자민목사(고아원 출신)

도마선교센터 빈민가 구제사역

인도도마선교센터 30년 역사 이야기
인도 고아들의 아버지, 김정구 선교사

인도 고아들의 아버지,

김정구 선교사

인도도마선교센터 30년 역사 이야기

■
초판 1쇄 인쇄 / 2021년 10월 4일
초판 1쇄 발행 / 2021년 10월 8일

■
지은이 ㅣ 김 정 구
펴낸이 ㅣ 민 병 문
펴낸곳 ㅣ 새한기획 출판부

■
편집처 ㅣ 아침향기
편집주간 ㅣ 강신억

■
주 소 ㅣ 04542 서울특별시 중구 수표로 67 천수빌딩 1106호
T E L ㅣ (02) 2274-7809 / 070-4224-0090
F A X ㅣ (02) 2279-0090
E-mail ㅣ saehan21@chol.com

■
미국사무실 • The Freshdailymanna
2640 Manhattan Ave. Montrose, CA 91020
☎ 818-970-7099
E.mail • freshdailymanna@hotmail.com

■
출판등록번호 ㅣ 제 2-1264호
출판등록일 ㅣ 1991. 10. 21

값 15,000원

ISBN 979-11-88521-46-3 03230

Printed in Korea